中国礼乐文化丛书

"孝"与中华传统

陈正宏 著

上海文艺出版社

"孝"与中华传统 ｜目录｜

第一章 孝的历史
1 追根寻源：孝与祖先崇拜 3
2 情系两端："奉养"与"追孝" 7
3 东方风景：举孝廉制度和对不孝的惩处 11
4 经史并誉：《孝经》和历代正史中的《孝友传》 16

第二章 二十四孝故事的纂集与流行
1 启蒙的教科书：从《孝诗》到《二十四孝诗选》 23
2 包罗万象的孝：晚明的《二十四孝日记故事》 28
3 看得见的先贤：清朝及以后的几种《二十四孝图》 33

第三章 图说二十四孝
1 孝感动天：一个远古的神话 41
2 亲尝汤药：世俗天子世俗情 46
3 啮指心痛：山那边的牵挂 50
4 单衣顺母：苦恼的选择 55
5 为亲负米：圣徒背起了道德 60

6　鹿乳奉亲:夷儿披上了兽衣　64

7　戏彩娱亲:假作真时真亦假　69

8　卖身葬父:《天仙配》序幕　73

9　为母埋儿:荒唐的逻辑　78

10　涌泉跃鲤:浪漫的演绎　83

11　拾椹供亲:甘苦寸心知　88

12　刻木事亲:偶像带来的悲剧　92

13　怀桔遗亲:拳拳赤子心　96

14　行佣供母:兵荒马乱里的无奈　101

15　扇枕温衾:忠臣的昨天　105

16　闻雷泣墓:天若有情天亦老　109

17　恣蚊饱血:愚儿痴行录　114

18　卧冰求鲤:竭尽心智的奉献　118

19　扼虎救亲:人·兽·情　123

20　哭竹生笋:本无感应的故事　128

21　尝粪忧心:医学之外的解释　133

22　乳姑不怠:为人之妇的职责　138

23　弃官寻母:非关功名的远行　143

24　涤亲溺器:一件小事　一种象征　147

第四章　对二十四孝的四种阐释
1　伦理学的阐释:纲常支柱下的人性纠葛　153
2　社会学的阐释:家族均衡间的人文景观　156
3　史学的阐释:穷荒岁月里的人生境遇　159
4　文学的阐释:世情宝鉴中的人心折射　162

附录　从孝子图、孝义图到二十四孝图　166

后记　209

第一章

孝的历史

1　追根寻源：孝与祖先崇拜

中国的汉字,是极有意味的文字。就拿"老"这个字来说,在殷墟出土的甲骨文里,它写作"㐅",是个龙钟的老人拄着根拐杖。到了稍后的青铜器铭文上,这老人又时常把拐杖扔在一边,换上个后生小子背着他,于是汉字里便多了个"𦒱"字,就是"孝"。

"孝"字最常用的意思,照中国最早一部解释词义的专著《尔雅》的说法,是"善父母为孝"。这话译成现代汉语,便是:"待父母好就是孝。"至于怎么个好法,青铜器铭文上那个背着老人腰也直不起来的儿子,便是榜样。

但是"善父母"的解释,似乎还不是"孝"字最初的意思。在甲骨文里,"老"字跟"考"字有时是写成同一形状的,而"考"字后来专指死去的父辈祖辈,所以那行孝的后生小子身上背着的,也可能是自己已死的祖宗,因而"孝"字的意思,又似乎与对祖先的崇拜相关联。

口说无凭,我们不妨去看看先秦的文献典籍里,最早写有"孝"字的那些篇章段落,是怎样地与先民的祖宗相牵扯。

《诗经·小雅》的《谷风之什》里,有一首《楚茨》,是描写西周贵族祭祀祖先的盛大场面的。其中讲到丰收之后贵族们用洁净的牛羊肉供奉祭庙里的祖宗神位时，有如下亦真亦幻的一幕：

先祖是皇，神保是飨，孝孙有庆：报以介福，万寿无疆！

浪漫的文辞，说的是祖宗们晃晃悠悠地回到人间，接受祭司们献上的供品。而那对祖先有一份难得"孝"心的贵族子孙，因此被告知将有神的赐赏：给他们大福，让他们万寿无疆。当祭礼正式开始时，诗中又写道：

工祝致告，徂赉孝孙：苾芬孝祀，神嗜饮食。

那是说司仪宣布祭礼开始举行，祖宗便把福音传给主祭的贵族子孙：以"孝"为宗旨的祭祀充满了芬芳，神就喜欢饮食这种馨香。

同书的《周颂》里，又有一首《闵予小子》，是周成王告祭他祖父周文王、父亲周武王的诗歌，其中写到动情处，有"於乎皇考！永世克孝"的感叹句，"皇考"自然是指成王已故的父祖，而那一辈子都要尽的"孝"是指什么呢？想来大约就是《楚茨》里"孝孙"们举行"孝祀"来表示的那份对祖先的崇敬之心吧。

值得注意的是，《诗经》三百零五篇，有十一篇里出现了"孝"字。这十一篇都属于《雅》《颂》的范围，又均诞生于西周那个辉煌的时代，而它们的性质，则大都是祭祀祖先与为贵族祝福的歌辞。这与西周青铜器上镌刻的诸如"用享孝于文且（祖）""其用享用孝于皇祖帝考"等等众多句式相似而又含有"孝"字的段落，正好相互印证，反映了殷商时代所没有的、出现于西周的"孝"的观念，最初更多地是用来表示子孙对祖先的一种崇拜意识的。

"孝"在西周时代自然也有用作"待父母好"之类的意思的。比如殷商被西周灭掉以后，周武王的弟弟康叔受命去殷商故都管理前朝遗民，曾作过一个题为《酒诰》的报告，其中就告诫殷民要"用孝养厥父母"，而莫学他们的末代君王纣贪杯奢侈（《尚书·酒诰》）。《诗经·小雅》的《六月》篇里，讲到周宣王时有一回举行庆祝战争胜利的宴会，应邀参加的来宾中，有一位名叫张仲的，又以"孝友"而著名——"孝"是"善父母"，"友"是"善兄弟"，《尔雅》对此这样解释。但从文献记载的总体看，"孝"在当时表示对在世父母的奉养，远不如表示对祖先崇拜追思那么多见。这种情况直到东周春秋时代才有所改观，在《左传》和儒家经典《论语》里，对生身父母的"孝"与对列祖列宗的"孝"，不分轩轾，同样受到了当时人的推崇——孔子对于"孝"的最简洁的解释便是"无违"二字；而当学生樊迟问"无违"二字怎样讲时，他就从生死两端作解释："生，事之以礼；死，葬之以礼，祭之以礼。"（《论语·为政》）

孝这种观念最初产生时更多地与祖先崇拜相关联，是有其现实的背景的。尽管从逻辑上讲血缘关系的远近决定人与人之间关系的亲疏，但在上古蒙昧时代，具有人格意味的祖宗神由于被视为是保佑氏族繁衍不绝的救星，其地位远比氏族成员的生身父母要高——更何况在相当一段时期内，存在着氏族成员只知其母、不知其父的现象。西周时代社会组织方面逐步出现了家族个别化的趋势，但政治组织方面仍遗留了氏族制的不少内容，因此为了维护贵族统治的形式，强调部落同宗民众在血缘上的联系，保存被统治者对祖宗神的敬畏，就显得十分迫切而重要。"孝"的观念——首先表示对同宗祖先的崇敬——就这样应运而生了。这以后随着个体家庭的诞生,单单强调对已逝同宗祖先的崇敬已不能维持人心的稳定,于是以儒家为代表的思想家们又标举出那本于人的天性的子女对父母之爱,上接流传已久的对祖先崇拜心理,由此形成一整套"孝"的伦理,影响了一代又一代的中国人。

2　情系两端:"奉养"与"追孝"

在上一节里,我们曾经引用孔子关于"孝"的解释:"生,事之以礼;死,葬之以礼,祭之以礼。"这一解释所包含的两个方面,其实也就是与传统中国社会相始终的孝的伦理的两大内容。

在中国古籍里,子女对在世父母、祖父母等履行孝的义务,一般称作"奉养"或"孝养"。"奉养"或"孝养"的名目从历史上看十分繁杂,归纳一下,则可分三个层次:第一层是常规与变例;第二层是常规的两个方面:物质的和精神的;第三层是常规之下,与物质的和精神的均有牵涉的一个引申。

我们先来说说常规。作为日常生活的一种道德规范,孝的伦理首先要求为人子女者在成年之后(或虽未成年但现实迫使其挑起支撑家庭的重担时),保证父母衣食无忧。这方面从高标准讲是要对父母提出的各种物质欲望尽力给予满足,就像后来的孝行故事"鹿乳奉亲""卧冰求鲤"那样;从低标准而言则是在衣食发生困难时,首先考虑父母的生存需要,然后再设法维持自身或子女的生命,"拾椹供亲""为母埋儿"等故事,就是在这种标准下诞生的。

孝的常规里除了物质的一面,还有精神的一面,那便是非宽泛意义上的"无违"。孔子曾将孝概括为"无违"二字,"无违"之下,又分对生对死二途,那是广义的"无违"。我们这里讲的"无违",则专指子女在日常生活中对父母的服从,使父母在心理与感情上一直保持某种愉悦与满足。这种"无违"自然还包括对父母、祖父母等的尊敬,孔子所谓"生,事之以礼",其中的"礼"字,从形式上说就包含了请安、跪谢等等表示精神方面孝的礼仪。

在物质的与精神的两方面孝的常规之下,又有一种貌似自然化的延伸,就是以子嗣的延续来回报父母的养育之恩,使家族长久流传下去。孟子说:"不孝有三,无后为大。"这话对传统中国社会里的大多数人来说是不言而喻的。因为生育后代意味着个体的生命得到延续。做父母的由此在精神上获得莫大安慰;同时血缘同一的后代的诞生,又使家族财产等物质化的东西得以继承与稳定,这又意味着子女对父母物质方面的奉养得到了延续。所以换一个角度讲,有后尤其是有子,也就成了子女对父母尽孝的一个重要表征。

有常规的"奉养",也就有变例的"奉养",这集中反映在那些父母遭遇不测的突发情形中。唐代有个叫陈藏器的写过一本《本草拾遗》,其中称人肉可以医治衰弱之疾。此后民间便有遇父母生病,痴心子女们割自己身上的肉送给得病的亲人吃的事例,"刲股疗亲""割肝救母"成了尽孝的一种突出表现。官方对这类痴愚之举的态度则相当矛盾。以清代为例,康熙年间对一批割臂疗亲的孝子大加表彰;到雍正年间,福建一个叫李盛山的割肝救母而丧了性命,礼部却驳回当地巡抚的旌表提议,认为李氏乃"愚孝",事情闹到雍正皇帝那儿,皇帝发了一通高论,最后的决定却是下不为例。

变例的"奉养"还包括"替父从军""代父受刑"之类的义举。花木兰的故事被收入《后二十四孝》和《女二十四孝》两种孝行故事集里,说明了故事主人公的行为虽逸出常规,却合乎"孝"的伦理;而明洪武年间朱元璋与刑部尚书开济因黄岩人陈圭愿意"子代父死"各执一词——朱元璋认为"宜赦其父",并将陈氏孝行"播告之,以风励天下";而开济坚持"罪有常刑,不宜屈法开侥幸路"——又反映了常规之外的"奉养"之孝,有时会跟法产生冲突。

与子女对在世父母、祖父母等履行孝的义务,也就是所谓的"奉养"相对应,依照传统的孝的伦理,子孙们对已逝的父母、祖辈又有"追孝"的责任。"追孝"包含两个方面,即孔子所言的"葬之以礼"和"祭之以礼"。

在传统中国社会里,子女在父母去世后是否为之举行合乎习俗的葬礼,被看作是否有孝心的一个重要标志。比较正规的丧葬礼仪从子女初闻噩耗的"奔丧"开始——如果当时他们远在他乡的话,接着便是让亡亲穿戴整齐的"敛"和停柩于临时处所的"殡",后者据《荀子·礼论》的说法,一般不超过七十天,但也不能少于五十天。这期间满怀悲痛的子女将为选择一个合适的葬地而奔波,之后便是葬礼的高潮——安葬亡灵。葬礼过后,为人子者还要依照礼仪为亡亲服丧三年(其实精确地说是自闻丧之日起的二十七个月,不包括闰月),其间他们不可以做官、应考、嫁娶,而且还时常在习俗的影响下使自己处于一种悲苦的境地,比如在父母的墓旁搭一间简陋的茅屋,成天喝稀粥,睡破席,枕土块,以过分悲哀的举动赢得时人的称誉,从而实现尽职"追孝"的目标。这种"追孝"有时会走向极端,南朝有个叫荀匠的,父亲死后戴孝,"不复栉沐,发皆脱落。哭无时,声尽则系之以泣,目眦皆烂,形体枯悴,皮骨裁连,虽家人不复识"。但也正因为有此非常的举动,他被载入了《梁书》

情系两端　9

的《孝行传》里。

相比之下,"追孝"的另一种形式——祭奠已故父母和祭祀列祖列宗,感情色彩就要稍微淡薄些。对列祖列宗和生身父母的追思,这种"孝"的方式可以追溯到远古时代,那在上一节里我们已经谈过。不过从传统中国社会已经成形的孝的伦理体系来看,后代的这类"追孝"中对祖宗神的敬畏意识已经大为减弱,而祈求子嗣昌盛、家族兴旺的意图则明显增强。

3 东方风景:举孝廉制度和对不孝的惩处

自从孝的观念在西周产生以后,官方对它一直抱有比较浓厚的兴趣。春秋战国时代在中国思想学术舞台上叱咤风云的儒家,又将这一古老的观念广为宣扬,称之为"天下之大经"。这样到了汉朝,当糅合诸子百家之说的新儒学占据思想文化的统治地位后,官方对于孝行与孝子的重视,便达到了前所未有的地步。举孝廉制度,就在这样的背景下诞生了。

汉武帝元光元年的冬天,一道十分新鲜的诏令传到了各郡国,内容是命令各地方政府向中央推荐有孝道与品行廉洁的人各一名,充任预备官员。延续数千年的举孝廉制度,由此拉开帷幕。据说当时向汉武帝提出这一建议的,是董仲舒博士。董仲舒著有《春秋繁露》一书,在那部借阴阳家思想阐发儒学教义的著作里,他提出了君为臣纲、夫为妻纲、父为子纲的所谓"王道之三纲","三纲"里的末一"纲",便是对孝的观念所作的系统化解释。

但各地对举孝廉诏令的反响并不热烈。因为推荐孝廉需要被荐者有可观的实际行为,远不像当时另一种名目的荐举——贤良方正那样只要找些稍有文墨才学的便可充数。所以到了元朔元年,汉武帝又下一诏,说:"朕曾经郑重其事颁令,让各级主管部门兴廉举孝。现在有些地方整个郡国都不推荐一个人,这是教化还没有下达基层,故而品行端厚的君子不能使上级发现。"这道诏书是否生效,史书缺载,我们不得而知。

东汉光武帝执政后,下令各郡依人口数,每二十万人中推荐一名孝廉,事由各郡太守负责;此后又直接任命被推荐的孝廉做尚书郎,使举孝廉制度着实热闹了一阵。但从阳嘉元年开始,汉顺帝采纳部下的建议,规定年不满四十的不能应举孝廉,四十岁以上应举孝廉的又必须通过笔试,举孝廉制度的内涵便逐渐发生变化。到了唐代,科举取士制度成为官方选拔预备官员的主要途径,举孝廉之制虽被保留,但已成点缀。

贞观十八年,汴州、鄜州等地推荐的几位孝廉来到京城,受到了唐太宗和皇太子的接见。当皇太子提了个对那些孝子说来十分简单的问题,即孔子的弟子曾参讲授《孝经》是怎么回事时,孝廉们竟茫然不知所对。唐太宗因此叹息道:"朕下诏征求天下俊异之士,可对他们才提了个浅近的问题,就都答不上来。国内就没有贤哲之人了么?朕实在很担忧。"

同样的情形在宋代初年也出现过。宋太祖开宝八年,官方诏令各州,推荐民间有孝悌力田、奇才异行或文武才干的年龄在二十至五十岁之间的人进京为朝廷效力。次年,以翰林学士李昉为首的一批官员对应召而来的七百四十人进行了复审,结果发现几乎没有一人名副其实。这其中光是濮州一地就推荐了二百七十位"孝悌"之士,宋太祖当时便对人数之多颇感惊讶,就召他们到讲武殿内亲自查问,一问才知全没什么"孝悌"卓行,倒声称"素能习武"。宋太祖也不含糊,当即考他们骑术和射箭,结果又一个个都从马背上滚了下来。

辽金元三朝，取士制度中不设举孝廉一科。明清两代，孝廉之举又逐渐受到重视。明太祖朱元璋在立国之初便下诏举孝廉与孝悌力田之士，被征者来到京都，又往往受到高规格的待遇，当时有不少人便由举孝廉而累至尚书、侍郎等要职。清代从康熙六十一年起开设孝廉方正科，应举者被赐以六品章服，备召用；雍正年间，浙江、福建等地荐举数名孝廉方正，又当即被委以知州、知县之职。明清时期这种迥异前朝的做法，反映了当时官方对传统的孝的伦理十分看重，也说明传统中国社会后期，随着程朱理学在思想方面的地位步步高升，道德纲常对人的约束也不断加强了。

传统中国社会产生了对孝子孝行进行褒扬的举孝廉制度，在它的法律体系中相对地也就有对不孝的惩处条款，这同样体现了传统社会对于伦理道德的极端关注。

"不孝"一词，在《诗经》和《尚书》里就已出现。《诗经·鲁颂》的《泮水》篇中，有"穆穆鲁侯，敬明其德，……靡有不孝，自求伊祜"的诗句，颂扬了鲁僖公对祖宗没有不孝敬的举动，由此获得战胜的大福。《尚书·康诰》跟本章第一节引过的《酒诰》同样，是康叔对殷代遗民的训话，其中也讲到"不孝不友，子弗祗服厥父事，大伤厥考心"。后来《左传》叙述春秋史实，书中人物更是时常把"不孝"一语挂在嘴边，像"专命则不孝""死而不孝""违命不孝"等等便是。但直到战国以前，对不孝之举的处置似乎大部分还停留在舆论谴责的范围内，而没有在官方法律中占得明确的一席。

我们今天所见的最早把"不孝"作为一种罪名与法律相联系的文字，是由孔子的再传弟子们编的《孝经》里的一段话："五刑之属三千，罪莫大于不孝。"但因为犯了"不孝"的弥天大罪而被判刑的案例，《孝经》中却没有记载一个。直到西汉元狩元年冬天，衡山王太子刘爽因为告发他父亲，被以"不孝"的罪名判处死刑，事见于《汉书》，由此我们才开始看到官方用法律手段惩处不孝之子的记录。曹魏时期，朝廷曾于甘露五年下诏："夫五刑之罪，莫大于不孝。夫人有子不孝，尚告治之。"这诏令有一回被东平地方一个名叫吕巽的利用，拿来做诬告自己弟弟吕安的罪名，致使吕安身陷囹圄；幸好吕安的好朋友，当时的大名人嵇康出面作证，才真相大白。以后的两晋南北朝法律里，不孝的条款也时被载入，但惩处的程度，则轻重不一。

隋代在法律中首次创设"十恶"的名目，其中第七"恶"便是"不孝"。唐律承之，并在那部通行的法律注释读本《唐律疏议》里对此作了详细的解释——

七曰不孝。

[疏]议曰：善事父母曰孝。既有违犯，是名"不孝"。注：谓告言、诅詈祖父母父母，及祖父母父母在，别籍、异财，若供养有阙；居父母丧，身自嫁娶，若作乐，释服从吉；闻祖父母父母丧，匿不举哀及诈称祖父母父母死。

此后元明清各朝法律的《名例》卷里，也都有"十恶"之目；"十恶"之中，又必有"不孝"的条款。俗语云："十恶不赦"，可见传统中国社会对包括不孝在内的那十种大罪行，是决不宽贷的。

值得注意的是历代官府在处置有关不孝的案件时，除了依据成文法，同时还十分注重那些"不孝"之子父母的意见。南朝刘宋时代的法律规定，父母告子不孝，欲杀者皆许之。《清律例》又说：

"父母控子,即照所控办理,不必审讯。"言下之义,对错只看身分。这种只重纲常伦理而不讲是非的态度,深刻地反映了传统中国社会中父权的绝对权威。

4　经史并誉:《孝经》和历代正史中的《孝友传》

孝的伦理道德在中国历史上一直受到官方的推崇、民间的遵循,有其深厚的思想理论基础。这思想理论基础形诸文字的,主要是一部不足两千字的小经书——《孝经》。

《孝经》的作者是谁？写于什么时代？这问题历来众说纷纭：班固在《汉书》的《艺文志》里说,《孝经》是孔子向自己的学生曾参传授孝道的讲义；司马迁则在《史记·仲尼弟子列传》中曰,《孝经》是曾参听了先生的课后,自己创作的作品。宋代目录学家晁公武觉得班、马二说都略嫌早了点,就在他那部著名的书目《郡斋读书志》里发表看法,认为是曾参的学生写了《孝经》；对此后来还有好事者专作考证,说写《孝经》的曾氏门徒,名叫子思。但南宋大儒朱熹却不把前人之说放在眼里,他写了部《孝经刊误》,得出的结论是:"此书多出后人傅会。"这观点到清代为喜欢辨伪的学者姚际恒继承,在《古今伪书考》一书中,姚氏径以为《孝经》其实是汉代儒生伪造的。

现当代的经学史家经过周密的考订认为,《孝经》应当是春秋战国时期孔子的七十弟子的门徒所作,具体为何人则不能确指。

《孝经》的版本也有很多，篇章文字各有异同。其中流传较广的要数唐玄宗李隆基作注的四卷十八章本，它于天宝四载以隶书刻入石碑，立于太学，世称《石台孝经》——至今还完好地保存在西安碑林里。后来清代刊行政治思想权威教科书《十三经注疏》，收入《孝经》，用的也就是这个当年由唐明皇细心加注，后来宋儒邢昺又随之作疏的本子。

那么，《孝经》一书里，究竟讲了些什么大道理呢？我们不妨循着十八章的次序，去巡顾一番。第一章名为《开宗明义章》，说的是孔子闲居，曾子侍奉，做先生的便教诲学生道："孝是道德的根本，任何教育都由孝而产生。"具体怎么做？孔子接着说：

> 身体发肤，受之父母，不敢毁伤，孝之始也；立身行道，扬名于后世，以显父母，孝之终也。夫孝，始于事亲，中于事君，终于立身。

说这话的孔子是否是春秋时代的那位儒家先祖孔子，谁也吃不准。但《孝经》一书的主旨，却已基本概括于其中。

接下来第二到第六章是《天子章》《诸侯章》《卿大夫章》《士章》和《庶人章》，专讲五等人不同的"孝"的规矩。其中除第六章所说"用天之道，分地之利，谨身节用，以养父母，此庶人之孝也"，跟通常理解的孝比较切近，其他几章所讲的，大都是治国之策或事君之道，"孝"的外沿被明显扩展了。到了第七章《三才章》，孝被进一步拔高：

> 夫孝，天之经也，地之义也，民之行也。

经史并誉

因为孝有这般高的地位,所以《孝经》第八、九两章便顺理成章地是《孝治章》和《圣治章》,专讲以孝治国跟圣人治国的准则。

但千里之行,始于足下,先哲们深明此理。因而到第十章《纪孝行章》,孝被从天上拉回到了地下,传道者讲起孝子侍奉父母的细则:

> 孝子之事亲也,居则致其敬,养则致其乐,病则致其忧,丧则致其哀,祭则致其严。五者备矣,然后能事亲。

这些细则就是我们在本章第二节里讨论过的"奉养"与"追孝"。为了显示这些细则的重要,紧接着而来的《五刑章》中,又有"五刑之属三千,而罪莫大于不孝"句。言下之义,谁若是敢于背离孝的原则,结局就不好说了。

从第十二章的《广要道章》开始,到最末一章的《丧亲章》(第十八章),编排上似乎找不到什么明确的条理。它们或是讲孝的社会功能,像"移风易俗"这一至今常用的词语,便出自《广要道章》;或是说孝的人际影响,如《广至德章》(第十三章)称:"教以孝,所以敬天下之为人父者;教以悌,所以敬天下之为人兄者;教以臣,所以敬天下之为人君者也。"或是宣扬移孝于忠,用奉父之道奉君(第十四章《广扬名章》);或是提倡采谏入孝,以事君之法事父(第十五章《谏诤章》)。或是列丧亲后的经丧细目(第十八章《丧亲章》),或是传祭祀里神灵感应(第十六章《感应章》)。

由《孝经》十八章的内容,我们可以明显感觉到,传统中国社会所提倡的孝的伦理,在当时除了其社会学的价值之外,更有一层政治学的价值在。孝子换一个角度看就是顺民,换一种身份说就是忠臣;而忠臣与顺民,无疑是天朝帝国"长治久安"、天子帝王"万寿无疆"的重要保证。

也许正是基于这样的原因,历代正史的人物传记部分,从《后汉书》开始,都有专章集中介绍孝子贤孙,或称《孝友传》,或称《孝义传》,代代相续,直到《明史》。

南朝刘宋时期,范晔著《后汉书》八十卷,其中《刘赵淳于江刘周赵列传》一篇,专记诸位孝子事迹,即后世正史《孝友传》之滥觞。这篇合传的起首,还有一段有关孝的议论,对"义养"之举颇为推崇:

> 夫患水菽之薄,干禄以求养者,是以耻禄亲也。存诚以尽行,孝积而禄厚者,此能以义养也。

虽然同样是以做官取得俸禄的方式供养父母,范晔认为那种不能忍受艰苦的生活,而以不道德的行径追求官职以换取供养父母的方式,是可耻的;只有诚心尽力地去行孝,因孝而获得高官厚禄,那才是合乎道义的。这种看法多少反映了当时人对孝的理解。

《后汉书》之后,首次正式标举"孝友"之名,在列传里专设一类的正史,是唐代房玄龄等编纂的《晋书》。《晋书》卷八十八《孝友传》收入李密等十四位孝子的传记,《传》首有以"大矣哉,孝之为德也"为开头的一篇序,说孝"用之于国,动天地而降休征;行之于家,感鬼神而昭景福",这评价明显超过了《后汉书》。同时颇可玩味的是,《晋书》初立《孝友传》,就将它置于所有类传的第一位,甚至《忠义传》也只能屈居其后,唐人对于孝的重视,于此可见一斑。

接下来的各朝正史里,《宋书》《齐书》《周书》《南史》《隋书》《宋史》《明史》有《孝义传》,《梁书》《陈书》《北史》有《孝行传》,《魏书》

经史并誉 19

有《孝感传》,《旧唐书》《新唐书》《金史》《元史》有《孝友传》。《新元史》《清史稿》虽不能算标准的正史,也有《孝义传》。这许多的《孝友传》(或《孝义传》《孝行传》《孝感传》)篇幅各有大小,收入多寡不一,但对于孝行的推崇却如出一辙,不是说"冠冕百行莫大于孝"(《宋史·孝义传序》),就是称孝"感天地,动神明,水不能濡,火不能爇,猛兽不能害,山川不能阻,名留天壤,行卓古今,足以扶树道教,敦厉末俗,纲常由之不泯,气化赖以维持"(《明史·孝义传序》);而对孝道不彰,"出忠入孝,轻生蹈节者,则盖寡焉"的时世现状表示深深的惋惜(参见《周书·孝义传序》)。诞生于不同时代条件下的历史著作,对于涉及伦理道德的史实竟有如此一致的评价,个中原因,大概只能从传统中国社会上千年不堕的伦理体系里去寻找了。

第二章

二十四孝故事的纂集与流行

1　启蒙的教科书：从《孝诗》到《二十四孝诗选》

据说元代福建延平府的尤溪县里，有个叫郭居敬的，是位典型的孝子，双亲去世时，哀毁过礼。他曾选辑虞舜以下二十四位孝子的感人故事，为每个故事配上一首诗，用来做儿童的启蒙读物，"二十四孝"的名称，便由此而来。

郭居敬编纂的二十四孝故事的元刊本，我们没有找到，或许它早已亡佚了。流传至今的大部分二十四孝刊本，编者一栏都是空白；只有中国国家图书馆藏的一种明初刻本，首页下方赫然题着"延平尤溪郭居敬撰"的字样，以时间而论，这是我们见过的各种版本的"二十四孝"中刊印年代最早的，所以由这个刻本，我们可想见郭氏原作的规模。

这种刻本题名为《全相二十四孝诗选》（以下简称《二十四孝诗选》），没有前序后跋，全书共收大舜、汉文帝、丁兰、孟宗、闵损、曾参、王祥、老莱子、姜诗、黄山谷、唐夫人、杨香、董永、黄香、王裒、郭巨、朱寿昌、郯子、蔡顺、庾黔娄、吴猛、张孝张礼、田真、陆绩二十四则孝行故事，每则故事以人名为题，然后是一首五言绝句，接下来低格写该人的孝行大概，例如第一则——

> 大舜
> 队队耕春象,纷纷耘草禽。
> 嗣尧登宝位,孝感动天心。
> 大舜至孝。父顽,母嚚,弟象傲。舜耕于历山,有象为之耕,鸟为之耘,其孝感如此。尧闻之,妻之二女,让以天下。

其余各则形式完全一样,只是有关各人孝行的文字多寡不同而已。

《二十四孝诗选》所具有的这些内容与这种形式,并不是郭氏首创的,因为早在郭氏之前,有关的孝行故事已在社会上广泛流传,而以诗的形式歌咏孝行,也早有先例。

清代有位耐心的学者茅泮林,曾做过一桩很有意义的学术工作,就是从《艺文类聚》《初学记》《太平御览》等一批重要的类书里,辑出了十种当时已经散失的隋唐以前私家撰述的《孝子传》,合称《古孝子传》。《古孝子传》里的内容虽然都是残篇断简,但通过它我们得以发现,二十四孝中郭巨、董永的故事,早在传说是西汉刘向编撰的《孝子传》里就有了;王祥的名字,在晋代萧广济的《孝子传》中已经列入,其卧冰之举,则见于南朝师觉授的《孝子传》;师氏《孝子传》还记载了两位著名孝子的孝行故事——闵损(即闵子骞)和老莱子,两人后来都入了"二十四孝";而在已不知编者的《杂孝子传》里,曾参、丁兰、杨香、蔡顺、吴猛、黄香、姜诗、孟宗、王裒诸人又均榜上有名。

茅泮林辑的《古孝子传》之外,我们又见过两种隋唐之前私人撰述的孝子传记。其一是托名陶渊明所撰而事实上很可能是北齐时人伪造的《五孝传》。该传依《孝经》的"五等之孝",分孝子为天子、诸侯、卿大夫、士、庶人五类,其中天子类里所收的虞舜,士类里所收的黄香和庶人类里所收的江革,以后均见于二十四孝。另一种是晋代徐广撰的《孝子传》,收在元末明初陶宗仪编、以后又经清代陶珽增订的大丛书《说郛》里,那中间有老莱子、郭巨、闵子骞、吴猛的孝行记载。不过这部多达一百二十卷的《说郛》收书不十分严谨,所以其中的《孝子传》是否徐广原作,尚有疑问。

隋唐以后有关孝子孝行的作品,以我们今天所知道的而言,对郭居敬编纂二十四孝与配诗影响较大的,大概莫过于宋代林同的《孝诗》。

林同字子真,号空斋,福建福清人。南宋后期和弟弟隐居乡里,后来因为元兵打下福州,遭祸身亡。他的《孝诗》一书大约写于宋理宗淳祐年间,这由卷首淳祐十年大诗人刘克庄所作的序文可知。全书题咏的,都是历代的孝子,计有"圣人之孝"十首、"贤者之孝"二百四十首、"仙佛之孝"十首、"异域之孝"十首、"物类之孝"十首。每首以人名为题,题后低格简述孝行大概,然后是一首五绝,如:

舜
大孝终身慕父母,予于大舜见之矣。
孩提知所爱,妻子具而衰。
大孝终身慕,予于舜见之。

老莱子
年已七十,父母犹存。著斑斓之衣,为婴儿戏于亲前。
七十已中寿,人生似此稀。
绝怜老莱子,犹自作儿嬉。

从形式上看,后来的《二十四孝诗选》只不过将讲孝行大概的部分移到诗后,其余跟这部《孝诗》完全相同。不仅如此,《二十四孝诗选》中所收的大舜、曾参、闵损、老莱子、郭巨、姜诗、蔡顺、丁兰、陆绩、黄香、王衮、王祥、孟宗、庾黔娄、唐夫人(崔氏妇)等人,在林同的《孝诗》里也都可以寻见;其中像咏黄香的诗,郭居敬写的,跟林同《孝诗》里写的,连字句也很相似。考虑到郭居敬与林同都是福建人,《孝诗》又刊行于晚宋时期,我们认为,郭居敬编纂二十四孝故事,除了选材上依附于历史上已经流传甚广的二十四孝义故事(参见本书附录),其主要的形式蓝本,应该就是林同的这部《孝诗》。

但郭氏的"二十四孝"后来居上,影响远远超过了《孝诗》。究其原因,大约不外是两个:一是《孝诗》收入太滥,把一些本非孝子而只是谈到过孝道的都招罗了进来,"二十四孝"则比较精干;二是《孝诗》虽是文学作品,但某些故事过于注重史料来源的重要与否,较少考虑文采,而"二十四孝"正好相反——这只要比较一下《孝诗》与《二十四孝诗选》有关虞舜的一则,就很清楚了:《孝诗》用来介绍虞舜孝行的,是《孟子》里的一段话;而《二十四孝诗选》所谓的"队队耕春象,纷纷耘草禽",则完全是杜撰的,但后者对一般读者来说无疑更有趣,也更有吸引力。

我们也注意到《二十四孝诗选》在数目方面的特色。二十四这个数字,对中国古人来说是非常熟悉的,农历中有"二十四节气",时辰上又有"二十四时"。所以早在东汉,大隐士梁鸿仰慕前代高洁之士,为"商山四皓"以来的隐居者作颂,所颂的人数便是二十四位;三国曹魏对代,官方旌表当代贤者,入选额度也只二十四名,即所谓"二十四贤";到了西晋,石崇、刘琨、陆机、陆云等二十四个著名文人为当时朝廷红人、秘书监贾谧所用,又被人称作"二十四友"。至于用二十四的数目来做书名,这情形可以上溯到三国时代的汉译佛经,像《二十四生经》之类;以后唐代的杜光庭编过《二十四化图》《二十四化诗》,那又是道教神仙家的宣传品。由此看来郭居敬以及之前编纂类似故事的人们为孝子们树碑立传,不多不少正好选了二十四位,也不过是为了通俗,跟随习俗。

2　包罗万象的孝：晚明的 《二十四孝日记故事》

《二十四孝诗选》出现后，这份形象而生动的启蒙教材便成了书肆里的畅销品。到了晚明时代，又有人在它的基础上删改增饰，编成了一本《二十四孝日记故事》，推荐给当时那些识字不多的凡夫俗子们。

这新出的二十四孝刊本全名《新刻官板全像二十四孝日记故事》(以下简称《日记故事》)，分四卷。第一卷便是二十四位孝子的故事。每则故事用四字句做题目，正文是经过文字加工的故事，然后再以"诗曰"引出一首五绝作结束。这种形式反映出二十四孝发展到明末，故事本身已更受人重视，而诗则反居其次。至于二十四孝的内容，与《二十四孝诗选》相比也有了一些变动。《日记故事》卷一所收的二十四则孝行故事，篇目分别是(括号里为故事的主人公)：

(1)孝感动天(虞舜)　　(2)汤药亲尝(汉文帝)
(3)啮指心痛(曾参)　　(4)单衣顺母(闵子骞)
(5)为亲负米(子路)　　(6)卖身葬父(董永)
(7)鹿乳奉亲(郯子)　　(8)行佣供母(江革)

(9)怀桔遗亲(陆绩)　　(10)乳姑不怠(唐夫人)

(11)恣蚊饱血(吴猛)　　(12)为母埋儿(郭巨)

(13)戏彩娱亲(老莱子)　(14)扼虎救亲(杨香)

(15)弃官寻母(朱寿昌)　(16)闻雷泣墓(王裒)

(17)刻木事亲(丁兰)　　(18)哭竹生笋(孟宗)

(19)涌泉跃鲤(姜诗)　　(20)卧冰求鲤(王祥)

(21)尝粪忧心(庾黔娄)　(22)扇枕温衾(黄香)

(23)拾椹供亲(蔡顺)　　(24)亲涤溺器(黄庭坚)

其中删去了田真兄弟分家一则,而代之以子路"为亲负米",因为前者严格说来讲的不是"孝",而是"友";又用江革"行佣供母"替下了主题类似的张孝张礼一则,由于前者人物少而内容丰富。《日记故事》的这个二十四孝内容与四字句篇目,为后来的绝大多数二十四孝故事刊本所继承,成了妇孺皆知的通行模式。

《日记故事》的其余三卷,分类记载了古代贤者的事迹,大部分与孝并无十分密切的关系。三卷的类名与所收故事则数,详见下列(括号里为该则故事的主人公)——

卷二　生知类,收"人号曾子"(张霸)等四十五则。

　　　亲爱类,收"问安视膳"(周文王)等十九则。

卷三　交人类,收"光武论旧"(严光)等九则。

　　　会文类,收"一见倾盖"(孔子)等五则。

　　　势利类,收"割席分坐"(管宁)等二则。

　　　期约类,收"不失信虞"(魏文侯)等二则。

　　　度量类,收"神色不异"(刘宽)等八则。

包罗万象的孝　29

清操类,收"遗金捐野"(乐羊子)等三则。
卷四　不欺类,收"暮夜无知"(扬震)等四则。
俭朴类,收"遗之以安"(庞公)等二则。
勤俭类,收"运甓励志"(陶侃)一则。
改过类,收"励志除害"(周处)一则。
操持类,收"抱璞自悲"(卞和)等二则。
自持类,收"一生忠恕"(范纯仁)等二则。
恬退类,收"知足不辱"(苏广)一则。
清洁类,收"不见督邮"(陶潜)等二则。
亲睦类,收"九世同居"(张公艺)等二则。
友悌类,收"问兄饥寒"(司马光)等三则。
家法类,收"女仆戒往来"(富弼)等四则。
谦抑类,收"无以国骄人"(周公)等四则。
尚义类,收"弃子全孤"(程婴)等二则。

这洋洋洒洒二十一类一百二十三则故事,跟前边的二十四孝故事印在同一本书里,乍一看觉得颇有些不伦不类,但细一想,作为一种以道德宣传为目的通俗读物,有这样的安排倒也合情合理:自从《孝经》宣扬孝是"天之经,地之义"后,孝道是一切传统道德的根基的思想久已深入人心。不仅对父母无违、礼葬等举动是实实在在的孝,符合传统伦理道德标准的所有行为也无一不可以算作孝。春秋时代的程婴牺牲自己的亲生骨肉保全赵氏孤儿,这悲壮之举因其重义忘利,与保存国脉有关,可以看作是孝移入了忠;陶渊明不为五斗米折腰,傲视郡府派来的吏员,那洁身自爱与狷介的作为,跟固守道德的纯洁相连,也未尝不可以算是那被视为道德基础的孝道规则的自然延伸;即便像晋代的周处那样,早年是个标准的浪子,被乡里与南山猛虎、长桥恶蛟并称为"三害",一旦幡然悔悟,又有贤明之师指点,同样也会除害兴利,功成名就,最后死了还被谥为"孝"——这画龙点睛的一个字,据当时人解释,追封给亡灵时已不单是表彰其对亲人的敬奉,而是更广阔意义上的"执德不回",也就是说,是坚持道德原则而永不放弃。如此看来,《日记故事》将二十四孝故事跟各式各样的贤者事迹放入同一本书里,不仅没有枝叶芜蔓,相反倒是形象地显现了孝的包罗万象;它首列二十四孝,继述二十一类贤者故事的次序,又逻辑地表现了孝为一切道德根基的思想主张。

本书以"日记故事"为名,大约是仿照元代虞韶编纂的《小学日记切要故事》。在那本十卷的故事集里,编者选辑的,也是些古人轶事,当时用作村塾的启蒙读物,很是流行,明代嘉靖年间熊大木校注的一个本子,和万历年间郑世豪刊印的一本子,今天还可以见到。《二十四孝日记故事》采用同样的书名,想来原因不外乎两个:一是借畅销书之名扩大本身的影响与销路;二是移用了前者的部分资料,将它们纳入到孝的范围里,所以与前者"藕断丝连"。

值得一提的是,日本在天保二年(当清道光十一年,公元1831年)也刊印过一种题名为《新锲类解官样日记故事大全》的劝孝书,全书七卷,第一卷跟晚明的《二十四孝日记故事》一样,也是收二十四孝,只不过将它们分为孝帝、孝贤、孝子、孝妇、苦孝、仕孝、顺孝、没孝、病孝九个小类,像"孝感动天"便入孝帝类,"卖身葬父"则入孝子类,而"闻雷泣墓""刻木事亲"又入没孝类,其余的可依类目找到合适位置。第二卷至第七卷形式上与《日记故事》相仿,但不像《日记故事》那么包罗万象,各卷分类都与孝有关,如卷二是孝行类,卷三是孝感、孝念类,等等,这其中所收的故事,往往与二十四孝有重复。东瀛之国的书铺也热衷于刊印类似的日记故事,想来是书商们看到了晚明的《日记故事》及同类书,又对其中收入仿佛与孝无关的贤者事迹不甚理解,所以痛加删订,最终使那新刻的《大全》里,无处不见"孝"字,也无处不显现出道德说教的面孔。

3 看得见的先贤:清朝及以后的几种《二十四孝图》

元代郭居敬最早编纂《二十四孝》一书时,据有关史料的记载,是故事配上诗,有没有插图不清楚。中国国家图书馆藏明初刻本《全相二十四孝诗选》,则是上图下文的。此外,日本影印的《新刊全像二十四孝诗选》抄本有两种:一种卷末署"嘉靖廿五乙巳年刊"的,有"全像"之名而无插图之实;另一种图文并茂的,又不知所据底本是何年刊印的.尽管两个抄本出自同一人之手,内容也完全一样,但带插图的那个本子上长方形的图画是抄者照嘉靖原刊本描下来的,还是自己创作的,无法确证。倒是晚明的《新刻官板全像二十四孝日记故事》,那第一卷书页的上半截,约占整页的四分之一,画着圆形的二十四孝图,与下半部分的二十四孝故事相映成趣,其形式跟明代戏曲小说刊本的流行样式很类似;虽然插图从技法上看还比较呆滞,却是仅次于明初刻本《全相二十四孝诗选》的可以确定时代的二十四孝插图本。

到了清代,二十四孝故事进入了盛行期。这时候有关书刊的一个明显特点,便是将明代的以文为主、副以插图倒了个个儿,形成了以图为主,外加文字说明的局面,因此许多二十四孝故事书的

书名,都径题作《二十四孝图》。下面以我们所见,略介绍几种:

(1) 同治刻本《二十四孝图》。本书原由顾耘尊绘图,王鼎标撰文,王芝岩出资刻印于道光十三年。后来太平天国事起,刻版毁于战火。到同治年间,王芝岩的孙子王庭桢在书簏中找到幸存的一册原刻本,就请他伯父王叔彝将图临摹下来,又让一位名叫侯景文的孝廉给图一一写了说明文字,而后继承祖父之志,把《二十四孝图》重新刊印了出来。同治刊本的这册《二十四孝图》,每叶正面为图,反面是文;图均为白描人物,没有什么背景,很是简洁,文则寥寥数语,只说个孝行大概便完了。如果说这个承道光本而来的刊本在二十四孝故事的流传过程中产生过什么影响的话,那大概就是它所排列的二十四则故事的次序了——

(1)孝感动天　　(2)亲尝汤药
(3)啮指心痛　　(4)单衣顺母
(5)为亲负米　　(6)鹿乳奉亲
(7)戏彩娱亲　　(8)卖身葬父
(9)为母埋儿　　(10)涌泉跃鲤
(11)拾椹供亲　　(12)刻木事亲
(13)怀桔遗亲　　(14)行佣供母
(15)扇枕温衾　　(16)闻雷泣墓
(17)恣蚊饱血　　(18)卧冰求鲤
(19)扼虎救亲　　(20)哭竹生笋
(21)尝粪忧心　　(22)乳姑不怠
(23)弃官寻母　　(24)亲涤溺器

这个次序先帝王、再圣徒,后为历朝孝子,相对说来还有自己的一套编排逻辑,所以后来一般的刊本都采用了这个序目。

(2)光绪石印本《绘图二十四孝锡类编》。此书是道教劝善书,卷首有《佑福真君赐序》,序末署:"光绪二十有七年辛丑八月朔,王清侍御史道善坛掌教邬景超乩笔,壬寅端阳后一日顾开烈沐手敬书。"书中每则孝行故事的安排,也是起首一页为图,接下来是文。据卷首光绪二十九年王应照自序,图后之文为王氏所撰,但图是否同出于王氏之手,则不清楚。此书中的二十四孝图与同治本相比,技法要显得纯熟些,画面比较充实,人物也颇为生动。但王应照写在图后的说明文字,除了讲孝行故事本身,还用道教的观点发了一通又一通的议论,文虽长,却了无可观处。

(3)民国间影印本《一亭居士画二十四孝图》。一亭居士即民国年间在上海小有名气的画家王震,他的这种《二十四孝图》是二十四幅水墨系列,每幅均有题词,略述二十四则故事大概。从绘画技巧上说,王氏所作自然超越前后几位画匠的同类题材作品甚多;但用本来颇具灵气的水墨画形式来表现拘谨而严肃的道德说教内容,笔墨似乎是很难显得潇洒的。因此尽管本书卷末狄平子的跋语对王氏的画艺大大称赞了一番,说"其画笔又直入宋元之室,明之青藤,清之新罗以人物称于时,居士则得力于白石翁,衣摺树石,落笔趣逸处,大非青藤、新罗所能几及",但我们今天翻开这部画册,对它总也喜欢不起来。

(4)民国十九年源盛堂刊《图绘二十四孝歌》。此书没有前序后跋,所以不知道编者是谁。形式上与前述几种二十四孝图相似,也是正面为图,反面为文。图从质量上说是我们所见的几种中最粗糙低劣的,据行家说那是不用画稿直接在木版上刻图的结果,所以人物线条东拉西扯,有些地方几乎不成什么明确的形状。但图背面的文字却大有可观:二十四则孝行故事都是用浅近的七言古诗写成,个别故事的内容还有所创新,因而单从宣传方面讲,这本《二十四孝歌》无疑很容易为普通百姓所接受,像如下这则:

> 丁兰父母幼年亡,刻木为像奉爹娘。
> 愚蠢妇人用针刺,木像见儿泪两行。
> 丁兰从前太不贤,不孝之人罪为先。
> 一日坡上来弄土,见得嫩鸦返哺前。
> 心下打动才行孝,母亲已入鬼门关。
> 左思右想无刷法,雕刺亲形在堂前。
> 朝供饭来夜供酒,热打扇来冷受衫。
> 母亲虽然身死后,居然如像生一般。
> 他妇不同行孝敬,丁兰看见打皮鞭!

其中内容如何可置不论,文字的通俗易懂与生动活泼,是很具特色的。

除了以上几种《二十四孝图》,清朝及以后还有一些二十四孝刊本是承续明末《二十四孝日记故事》而来的。同治年间常熟留真堂刊印过一种《接贤斋校订注解二十四孝日记故事》,形式内容全照明末的《日记故事》,只是将前边部分的二十四孝故事题目改成通俗一点的四字句,如"孝感动天",改成"大舜耕田"之类;此外又给孝行故事的正文加上了非常通俗的注文,如"莱子斑衣"一则中"行年七十言不称老"一句,下注:"有父母在,言不称老;若是自己称老,越显得父母老了。"这类带注解的《日记故事》到民国年间还很流行,其中有一种题为《大字蒙学学堂日记》的,又名《新增二十四孝日记故事》,就用大字刻正文、正文中夹刻小字为注文的形式,宣传那些包括数十则贤者事迹在内的孝的伦理道德。有必要一提的是,不论是同治本的《日记故事》,还是民国时的《学堂日记》,它们均配有插图。

我们所见的几种《二十四孝》刊本中,唯一不见插图的,是一种开本很小的袖珍本。这袖珍本的扉叶上自右向左竖立着这样三行字:"二十四孝(大字);新抄五本,百善孝为先;中湘九捴三元堂歌书发客。"没有刊印年代,也没有序跋。这种《二十四孝》形式上很像民国间源盛堂印的那种《图绘二十四孝歌》,也是用浅近的七言古诗述写二十四则孝行故事,不过其中名目多有更改。与其他二十四孝故事书刊相比,它又多了个长长的引子,从"自从盘古多有道,为人第一要行孝",说到"十月怀胎娘苦辛""父母时刻挂心中",再归结为"金身罗汉住西方,堂前活佛胜朝香";文末则道:

  略把闲言讲几套,字俗言粗休见笑。
  学得前朝行孝人,流传万古仰芳名。

这种前后铺陈的形式,证以本书扉叶上的那行"中湘九捴三元堂歌书发客",说明它很可能是民间说书艺人的唱本。

综上所述,清代及以后的大部分二十四孝故事书,都至少具有以图为主、正文加注、语言通俗三大特点中的一点。这三大特点中任何一点的形成,都与二十四孝故事的读者面拓宽、读者层降低有关;换言之,二十四孝故事之所以到清代开始盛行,并延续到民国时期,除了当时官方面对日薄西山的政治形势而不得不加强道德说教这一原因之外,更直接的原因是故事被改编得越来越通俗,越来越好懂,这成果应当归功于对传统中国社会大众文化水准了如指掌的聪明的道德宣传家和通俗读物作家,也应当归功于那些急功近利、锱铢必较的精明书商和书铺老板。

第三章

图说二十四孝

1　孝感动天：一个远古的神话[*]

旧时的中国人讲历史，大都有个习惯：从盘古开天、三皇五帝说起。编给普通人看的二十四孝故事，自然也脱不了这一习惯，它所树的第一位行孝榜样，便是三皇五帝的殿军、大名鼎鼎的圣贤——虞舜。

据说虞舜本来出身贫寒，家庭环境也很糟糕：父亲是个瞎眼老头，生性顽劣；母亲脾气很坏，又非常愚笨；还有个弟弟，名字叫象，则一贯傲慢无礼。生活在这般昏暗的家庭里，虞舜身心所受的痛苦是可以想见的。但他却竭尽全力侍奉父母，处处让着弟弟，而毫无怨言。这份有异常人的孝心与耐心感动了天地，当虞舜到历山的农田去耕作时，竟有大象赶来帮助他犁田锄草，有鸟儿飞来替他播撒种子。后来他到河边去制作陶器，一时间那里出产的陶器都质量上乘；他去一处名叫雷泽的湖塘捕鱼，遇上了大雷雨，昏天黑地，可就是迷失不了方向。这等奇异的感应事件不久传到了当时执政的首脑人物唐尧的耳朵里，唐尧便将虞舜提拔上来，协助自己管理国家大事。为了深入地考察虞舜的才干，唐尧还特意派了他

---

* 本章插图均来自清刻本《二十四孝》，乌程陆昀绘图。

42　"孝"与中华传统

的九个儿子去当虞舜的助手，又亲自做媒，把两个女儿娥皇、女英许配给虞舜做妻子。这样虞舜在唐尧手下干了二十八年，其间进用贤人，黜退不肖，事事得体，天下大治，最终使唐尧完全放心放手，把王位禅让给了他。

虞舜这位传说中父系氏族社会后期部落联盟的著名领袖，同时也是一个典型的孝子，这倒并非二十四孝故事编者的杜撰，有关的记载今天还可以从《尚书》和《史记》等早期历史文献中见到。《尚书》的《尧典》里，有一段唐尧跟四岳（四方部落首领）的生动对话，反映的便是那位贫寒孝子被推举进领导岗位的内幕。

唐尧："唉！诸位首领，朕在位已有七十年了，你们中间若有能挑起这副担子的，就来顺行我的帝位之事吧。"

四岳："我等都没有顺行帝命的大德，倘若接班，会有辱帝位神圣的。"

唐尧："既如此，那诸位应当推荐那些生活在下层、声名未显的贤人。"

四岳："人倒是有一位，是个无妻的鳏夫，名叫虞舜。"

唐尧："是了，我听说过这个名字。诸位说说，此人究竟德行如何？"

四岳："是个盲人的儿子。做爹的顽劣，当娘的愚鲁，还有个弟弟傲慢得很，这虞舜却能克尽孝道，使家里的顽、愚、傲慢之人都朝善的方向努力，而不至于变成奸恶之众。"

唐尧："这样，我就试一试他吧。"

《史记·五帝本纪》的有关记述，则更为详尽。据司马迁的考订，虞舜是冀州人，生母早年亡故，瞎眼的父亲又娶了那愚鲁的继母，生出了傲慢的弟弟象。父亲喜欢小儿子，常常一发狠劲便要杀

孝感动天　43

死舜,舜遇上这类情形,只得撒腿逃跑;但当父母需要他时,他又很快回到他们的身边。

虞舜二十岁时,便因为大孝而名闻天下。三十岁那年,当时的帝王唐尧向臣下问有否可用之人,四岳便一致推荐了他。这与《尚书》所记正合。与二十四孝故事所说的一样,《史记》也提到了唐尧在提拔虞舜之后,又"以二女妻舜以观其内,使九男与处以观其外"。并且还记录了唐尧这种特殊考察的最后结果:虞舜在一个名叫妫汭的地方安了家,做事更加谨慎,因此过了门的唐尧的两位千金,在舜的亲人跟前也不敢凭自己的贵族身分过于放肆,而"甚有妇道";唐尧的九个儿子,对虞舜也非常尊敬。

只有虞舜的那位瞎了眼的父亲对自己的孝顺儿子依然讨厌如故,依然时不时地要动杀机。一次他让虞舜上粮仓顶干活,待虞舜上得仓顶,这做父亲的居然在下边纵火焚烧仓谷。虞舜急中生智,拿了两只斗笠做凭借,像鸟儿张翅飞翔那样从仓顶缓落而下,倒也没伤筋骨。后来父亲又让虞舜去打井,这回虞舜有所防范,打井时在一边井壁上挖了个通向别的井洞的通道。果然,井打到深处,瞎眼老头便伙同小儿子把挖出的土石重新填进井内,舜在井下,不见天日,好在已备有一个逃生的通道,才又免过了一次劫难。

但尽管虞舜对屡次危及其生命的父母兄弟如此逆来顺受,如此孝顺无比,在《尚书》和《史记》等比较可信的历史文献中却都没有出现像二十四孝故事所说的那种"孝感动天"的神异情形:《史记》的确记录了舜在历山耕田,但这并未感动大象、飞鸟,而是感动了历山的那些原本互相侵犯的农人,舜在那儿耕作了一年,那儿的农人都变得互相谦让了;《史记》也写到了舜去雷泽捕鱼,天地似乎也并未为之动容,倒是雷泽畔的居民受其影响而变得彬彬有礼。

这其中唯一与二十四孝说法一致的,是关于虞舜在黄河边制作陶器,当地的陶器质量因此大有提高一事。对此事的比较合理的解释,似乎应当是虞舜本人的陶器制作技术水平较高,他将技术传授给当地人,所以当地陶制品的质量得到了明显的改善。值得注意的是,《史记》所记载的如上诸事,不论是历山农人、雷泽居民的变化,还是黄河畔出产的陶器质量的改善,都发生于尧提拔虞舜之后,而不是如二十四孝故事所说的那样,是出现于虞舜贫寒之时,这就使我们有理由推测,发生在虞舜周围的有关变化,并非是由纯粹的道德感化力量所造成的,其中一部分恐怕还是在于虞舜手中已经掌握了部落联盟的权力,而这种权力又足以使部落百姓按照他本人的意志行事。人类由野蛮走向文明,这种将自身提高一格的结果虽然充满了种种温文尔雅的情调,但这一过程本身却往往不那么具有诗情画意,这其中最具现实力量的,大都不是充满感情色彩的说教,而是实实在在的权力影响、经济作用。

2　亲尝汤药：世俗天子世俗情

虞舜孝感动天、功成名就，那事情确乎很浪漫，可也毕竟如仙山琼阁，渺茫而不可求。于是二十四孝的编者紧接着又推出第二位行孝榜样，那主人公虽然贵为天子，可做的事情却平凡得很：老母有病，亲尝汤药。

这位天子姓刘名恒，是汉高祖刘邦的第三个儿子，早年受封为代王。汉高祖驾崩后，正室吕后临朝称制十六年，待那铁腕女人一命呜呼时，西汉朝廷里以太尉周勃为首的一班高级将领便迅速清除了吕氏余党，而拥立代王刘恒为西汉新一代的天子，是为汉文帝。这汉文帝的亲娘乃是刘邦的偏房，姓薄，人称薄太后，生性仁慈。做儿子的汉文帝呢，不论是在代王的位置上还是在天子的位置上，对亲娘也是竭力奉养，从无懈怠。据说薄太后曾经得过一场大病，一病便是三年。这三年间，做儿子的汉文帝常常衣带不宽，觉也不睡，每次给薄太后治病的汤药送上来，他都非要亲口尝一下不可。做皇上的这种仁孝之举不久便传遍天下，于是整个汉代孝子层出不穷。

二十四孝故事里记录的这则天子行孝事迹，我们在二十四史的《史记》和《汉书》中都没有见到。但《史记》的《孝文本纪》和《汉

亲尝汤药

书》的《文帝纪》里各记载了一则与行孝有关的故事，使我们有理由认为二十四孝"亲尝汤药"一事基本可信。

《史记·孝文本纪》中有一节，讲了一位孝女的事迹。那是在文帝十三年的五月，一位姓淳于的太仓令因犯罪而被判刑，官方将他押解往当时的首都长安。这位淳于公没有儿子，只养了五个女儿。临行前，他大概内心窝火不过，便对着女儿们破口骂道："生孩儿不生儿子，逢到急事情一点也派不上用场！"这话使得小女儿缇萦大为伤心，流着眼泪，伴随将要服刑的父亲一起来到长安，上书给朝廷，表示甘愿以己身没入官婢的代价，替父亲赎免受刑。这一封上书不久便传到了汉文帝手里，文帝看后，动了恻隐之心，下诏说：现在法律规定的肉刑有三种，可奸盗之事不止，原因都在于朕本身道德浅薄，教化不明；人有过错，应当给个改正的机会，一下子就断肢体、破肌肤的，会给人带来多大的痛苦，废除肉刑吧。就靠了文帝的这一句话，缇萦的父亲才免受刑戮。而文帝对于一位甘愿替父赎罪的民间女子的这种侧面褒扬，是否可以说是他自己对孝行重视的一种反映呢？——这里顺便提一句，缇萦上书救父的故事，后来分别被收录到了二十四孝的两种续编——《后二十四孝》和《女二十四孝》中。

与《史记》所载的这一件轶事异曲同工，《汉书》的《文帝纪》中又记录了文帝十二年的一道诏令。这道诏令开宗明义："孝悌，天下之大顺也。"继而对当时推举贤人之道尚不完备表示了不满，由此提出，派遣专人赴各地对孝悌力田之人进行赏赐，其中孝子受赐的规格是每人丝帛五匹。文帝这种对克尽孝道的百姓进行正面嘉奖的做法，是否可以说是又一次证明了他对行孝的高度重视呢？

古代中国人相信"修身、齐家、治国、平天下"的人生逻辑，所以能在家里孝顺父母的,在一般人看来也能在朝廷里效忠君主;至若君主本人,如果能孝顺其生身父母,那么从逻辑上讲他也就必能顺应天道——因为习惯认为他同时又是天的儿子;而天子顺应了天道,太平盛世也就算是来到了。

但二十四孝故事毕竟只是编给凡夫俗子们看的劝善书,天道至理,那些识字不多的芸芸众生未必能够理解。因此"亲尝汤药"的故事又可以作一浅层的通俗化的解释,这一解释的出发点是传统中国社会固有的等级观念:既然连贵为天子的汉文帝都那样尽心尽力地侍奉生病的老母亲,那么身为帝王臣下的百官,或连一官半职都没有的小民百姓,还有什么理由不全力孝顺自己的父母双亲呢?

3　啮指心痛：山那边的牵挂

如果说虚无飘渺的"孝感"和具有象征意味的天子孝行都还缺乏一点令人信服的感召力，那么渲染一下亲情间的精神感应，是否更有效些呢？

为此二十四孝故事的编者将搜寻的目光稍稍低俯，找到了一位圣徒，孔子的高足：曾参。

曾参字子舆，传说他对母亲非常孝顺。他的家境好像跟早年的虞舜一样，都很贫寒，因而时常要亲自到深山里去打柴。有一次家里来了客人，不巧曾参又进了山，一人守家的母亲不知怎么办才好，急得咬起了手指。奇怪的是，这边老母在咬手指，山那边的曾参却忽然有所感应，觉得一阵心痛。于是他便匆匆收拾起砍柴家伙，背起柴回了家。一到家，曾参便跪在母亲跟前，询问家里出了什么事。母亲回答说，家里来了位有急事找你的客人，我想不出别的办法，只好咬咬指头，以此让远在山里的你有所感悟。

由于司马迁在《史记》的《仲尼弟子列传》中说"孔子以曾参为能通孝道，故授之业，作《孝经》"，所以曾参的孝名在中国历史上早已声振遐迩，尽管根据现代史学家的考订，《孝经》并非出自这位孔门圣徒之手。也由于儒家经典《论语》里记载了不少曾参的语录，

啮指心痛　51

其中如"吾闻诸夫子:人未有自致者,必也亲丧乎""吾闻诸夫子:孟庄子之孝也,其他可能也;其不致父之臣与父之政,是难能也"等等,反映了他牢牢记住了老师所教的有关于孝的理论,所以从逻辑上讲"啮指心痛"的故事还是颇为顺理成章的,尽管我们没能在比较可信的史籍中发现曾参的这则轶事。

但在以后的正史里,我们却发现了一些几乎与曾参"啮指心痛"完全相同的事例。

《南史·孝义传》记载,南朝时南阳有个宗元卿,字希蒋,为人品行颇好。他很小时父母就双双亡故,由祖母抚养长大。后来老祖母病了,他身在远方,对祖母的病痛却好像就是自己的病痛一样了解:祖母感到心痛,他也心痛;祖母得了大病,他就感到身上大痛;祖母得的是小病,他感到的也是小痛,如此习以为常。这奇异的感应传出去,乡亲都因此对他很尊敬,把他跟曾子相提并论,称他为"宗曾子"。

《旧唐书》的《孝友传》里所记的,则更带有一点戏剧性。据说有个名叫张志宽的,是蒲州安邑人。隋代末年,他父亲去世,这张志宽伤心得不得了,人也因此瘦得皮包骨头,但却因为尽孝,很得州里同人的称赞。当时有个叫王君廓的强人屡次下乡抢劫,唯独对张志宽所在的乡里不施暴行,据说便是因为听说了张志宽的大孝之名。后来唐王朝建立了,张志宽在地方上当了个里正的低级官吏。有一次他急匆匆地赶到县衙门,声称自己的老母亲得了病,要赶紧回家去服侍。县令因他老母远在乡间,疑心他的话里有诈,便问他何以得知老母有病。张志宽回答说:"我母亲曾经感到身体不舒服,同一时候我也觉得不舒服。刚才我感到心里痛,所以知道母亲犯病了。"县令听罢,勃然大怒:"真是妖妄之辞!"当即便让他下了大狱。但为了保险起见,也派人去乡下查验张志宽之母是否得病。奇怪的是,探报的结果是张母果然得病了。县令大为困惑,不过还算勇于承认错误,把张志宽从牢里放出来,好言劝慰了一番,便让他快快回去照顾生病的老母。

　　对于如上这些事例,包括本节的中心话题——曾参"啮指心痛",我们不知道如何评价才算比较恰当,因为从某种角度讲,它们似乎与"孝感动天"之类同样具有虚妄的一面。但从人类亲情之间的感情交流看,它们又未始没有一点使人觉得温暖的东西。"十指连心"的俗语据说就是来源于曾参的这一则轶事;而"心心相印"虽本是佛家语,可它给予人们的,却是充满着世俗人情的多彩画面。由此令人想到了人生常有的一种境地:牵挂,尤其是对远方亲人的牵挂。由牵挂而生发的情绪有时会带有某种幻觉以至荒诞的成分,这种幻觉与荒诞本身并无道德伦理的意味,也不具什么美感,但一旦它和人与人之间的爱相关联,那牵挂的一方从伦理道德上说便具有了某种崇高感,而被牵挂的一方则从感情上得到了莫大的满足,从而使整个牵挂的过程带上了一层朦胧而温馨的美感。对于我们普通人来说,不论走到天涯海角,对生我养我的父母双亲永远存一份真挚的牵挂,于理于情都是切合的吧。

　　因为说到了曾参,所以在此不妨顺便介绍一下他的家庭。曾参是鲁国南武城人。曾参的父亲曾晳,也是孔子的学生,为人潇洒豁达,有一次孔夫子跟包括曾晳在内的几个学生闲聊,问他们各自今后的志向,曾晳的回答迥异他人,他既不想做一个处于困顿中的小国的救世主,也不愿当一名唯唯诺诺的小司仪,他的理想是:"暮春二月,春装穿定,跟五六个成人、六七个儿童一块儿在沂水边沐浴,到舞雩台上迎风,然后一路唱着歌走回来。"这一理想深得孔子的赞赏。曾参的母亲是位慈祥的家庭妇女,但也有些胆小,据说有一次她在家织布,外边有一个与曾参同名同姓的杀了人,好事者误以为便是她的儿子曾参,跑来告诉说:"曾参杀人了。"曾母不信,回道:"我的儿子不会杀人。"过了会儿又有人来说:"曾参杀人了。"曾母还是不那么相信,只管自己织布。这时第三个人赶来通报:"曾参杀人了。"曾母信以为真,害怕得很,便丢下手中的机杼,越墙逃跑了。

4　单衣顺母：苦恼的选择

在孔夫子的七十弟子中，有两位是以孝而名闻后世的，一位就是上一节里讲的曾参，另一位则是这一节要说的闵子骞。

闵子骞名损，字子骞，是鲁国人。还在很小的时候，他的亲生母亲便去世了。父亲娶了位继母，又生了两个儿子。也就因为有了这两个同父异母的弟弟，闵子骞受尽了磨难。继母显然不喜欢丈夫前妻所生的儿子，所以一到冬天，大雪纷飞之时，两个弟弟都穿上了暖暖的棉衣，而闵子骞的冬装里，塞的却是难以抵御严寒的芦花。父亲似乎对此一无所知，外出还让闵子骞为他驾车。待闵子骞坐到车夫的位置上，冷得直打哆嗦，连马鞭子都捏不住而掉到了地上，做父亲的才有所察觉。一气之下，父亲便扬言要休掉这可恶的后妻。这可让孝顺的闵子骞大惊失色，赶紧劝说父亲道："母亲在只不过我一个儿子受冻寒，母亲去了，那么三个儿子都会衣衫单薄。"这令人心酸的话语传到继母的耳朵里，偏心的继母也为此感到羞悔，从而改变了自己的错误做法。

我们不清楚二十四孝故事里情节生动的这一则出自何种史籍，抑或是民间口口相传的记录，所知道的只有孔夫子的确曾经对自己这位学生的德行大加称赞，说："闵子骞可真是孝顺啊！在对

56　"孝"与中华传统

于他跟父母兄弟的关系方面,人们是从来不说什么闲话的。"先生既有此言,则学生的孝顺父母看来总是八九不离十了。

但我们感兴趣的,并不在于本则故事细节的真实程度,而在于它所反映出的传统道德观念教给人们的一种选择的标准。这一标准用两个字概括就是"无违",再简单些,则可取本则故事题目中的一个字:"顺"。而所谓"无违",所谓"顺",说白了就是在亲属关系方面,不论父母行为的正确与否,必须无条件地顺从其意志,而不是相反地进行违抗。这是孝的观念中一条极为重要的基本准则,闵子骞正是严格遵循了这条为子的基本准则,作出了令他自己苦恼却令父母安心的选择,才获得了名列二十四孝的殊荣。

榜样的力量是无穷的。在以后漫长的历史旅程中,有许多蒙受继母虐待的孝子选择了闵子骞曾经选择过的处事原则。远的不说,就说明代,嘉定县有个叫归钺的,早年丧母,父娶继妻,生了个儿子,从此灾难便降临到了他头上。归钺从某种程度上说比闵子骞更不幸,因为父母都讨厌他,有时父亲打他,继母会去拿根大棍子来给丈夫,说:"别伤了你老爹的力气。"又因为家里贫穷,常常吃了上顿没下顿,所以每到吃饭的时候,继母便絮絮叨叨地数落归钺,这也不对,那也不是,引得一旁的父亲上了火,当场把大儿子赶出家门,而继母所生的小儿子遂得饱餐一顿。归钺无家可归,在外面走累了,只能趴在地上,待父母气消了再转回家里。不料进得家门,父母又指责说:"有个儿子不待在家里,大概是到外面去做贼了吧。"说着便又抄起家伙对他猛揍一顿。这样的事情屡屡发生,归钺几乎濒临绝境。

后来父亲死了,继母更加讨厌疏远归钺。归钺便只得自谋生路,以贩盐为生。但他依旧不忘孝道,时时牵挂着继母和弟弟,有好吃的总不忘让弟弟转捎给继母。正德三年,当地闹了大饥荒,继母靠自己那点家当没法活下去了,归钺闻讯,流着眼泪赶去接她来自己家住。继母感到惭愧,不想来,可又没依靠,最终还是跟着来了。归钺却不计前嫌,对继母依旧孝顺无比,有吃的,总还是先让给继母和弟弟。过了不久弟弟病故,他便负起了奉养继母的全部责任,直到嘉靖年间这位不慈的继母撒手归天。

类似的情形还可以举清代的李应祺为例。李氏是昆明人,母亲去世后,他亲自劝说父亲再娶一个妻子。可那位继母过门之后,给李氏的报答却是百般虐待。李氏无奈,只得在街头摆个测字摊来供养父母。有一次他不小心得罪了继母,继母不由分说,抄起家伙就痛加鞭笞,他却默然忍受,跪着由继母打。后来他又不知犯了什么错,被父母逐出家门,可他却侍奉父母更加勤谨了。恰逢父亲生日,他靠替人测字得了点钱,便去买了鸡和米,拿回家去给父亲做寿。为了生存,他又租人田地耕作,才下锄不久,听说继母病了,当即放下手头的活,赶了三十里路去为继母求医求药。就这样过了好长一段时间,老天有眼,总算感动了继母,李氏这才受到了家人的青睐。

这种对父母"无违"尤其是对虐待自身的继母"无违"的做法,成为传统中国社会里许多孝子的一种必然选择,在今天看来,除了我们这个古老的国度昔日所强调的伦理观念一直在起着重要的作用这一原因之外,更为根本的,恐怕还在于中国长期以来都处于比较落后的经济水平,致使中国家庭都特别需要相对的稳固,以保证父主外,母主内,子女有饭吃的基本生活条件。闵子骞对继母未必喜欢,但他劝说父亲时提出的理由却非常现实:"母在一子寒,母去三子单。"换句话说,若是继母被休了,则三个儿子的日常生活都将出现危机，家庭将濒于崩溃，那么需要维持最低生活水准的古代中国人会作出怎样的选择呢？这时作为下一代一方的个人的痛苦还会是将要考虑的重点吗？或许只有从这样的角度去考察传统中国社会的家庭状况，我们才能理解，为什么尽管中国古典文学作品中常常把继母描写成凶神恶煞，历代王朝却很少对她们绳之以法，而仅对那些在继母面前逆来顺受的孝子大加表扬，这两种互为关联的现象一头系着人间的真情实感，一头系着历史的严峻现实，两者都不可少，因而两者就都现实地存在于华夏中土数千年。

5　为亲负米：圣徒背起了道德

不知道是否是二十四孝故事的编者对孔门弟子情有独钟,在接连推出曾参、闵子骞一对著名孝子之后,这回再次垂青圣徒,将更为有名的子路抬了出来。

子路是孔门十哲之一,本名仲由,子路是他的字,山东人。据二十四孝的这则题为"为亲负米"的故事说,子路早年家里很穷,揭不开锅时,曾经以野菜为主食。为了奉养双亲,他还时常赶到百里之外,买了米亲自背回来。后来父母相继去世,他南游来到楚国,当上了大官,随从的车骑就有一百辆,还囤积了上万钟的粟米,坐的地方垫着舒服的厚布,每到吃饭时又可以摆出许多煮食的大鼎。可尽管生活安定优裕了,子路却若有所失,叹息说:"现在即便想要吃野菜,为双亲背米,也办不到了。"

由于故事的主人公是孔门子弟中颇为出名的一位,其有关的事迹多见于《论语》《史记》等历史文献,所以,把有关的史料与这一故事作一对照,或能使我们更好地理解子路本人及其孝行。

然而对照的结果却颇令人失望。首先不论是《论语》还是《史记》中,有关子路的材料没有一条涉及孝道或孝行,这与两部典籍里有关曾参、闵子骞的材料中多次述及二人的孝行以及对孝的讨

为亲负米

论形成鲜明的对比。根据《史记·仲尼弟子列传》的记载,子路比孔子小九岁,性格粗鲁,喜欢比武斗力气,为人直率。初次见到孔子时,帽子上插着雄鸡的羽毛,身上佩戴着猪、熊的骨饰,对孔子很不礼貌。但孔子是位高明的教师,他以礼法慢慢地诱导子路,终于使子路换上了读书人的服饰,拜在自己门下做弟子。只是江山易改,本性难移,子路入了孔门,那粗鲁直率的习性还是时常要表露出来。比如《论语·先进》里就说,闵子骞站在老师孔子身旁,总是恭恭敬敬,很正直的样子;子路却不同,总那么目中无人,倔得很。孔子便咒道:"像仲由那样,怕得不到好死。"又同书《子路》篇里记载,有一次子路对孔子说:"卫国君子等着您去治理国政,您准备首先做什么?"孔子正色回答:"那一定是纠正名分上的用词不当吧。"子路听了,也不管三七二十一,当即奚落老师说:"您怎么迂腐到这般地步!这又何必纠正?"搞得孔子很不开心。虽说孔子对子路的政治才能很赞赏,认为他"片言可以折狱",但孔子却从未对自己这位果敢的学生的德行抱有太大的希望,以至于别人问他子路有没有仁德时,他干脆回答:"我不晓得。"因此之故,无论二十四孝"为亲负米"的故事是发生于子路成为孔门弟子之前还是之后,其真实程度似乎都要打上一点折扣。

更为可疑的是有关子路做官的国度。据二十四孝故事称,子路在双亲亡故后云游到了南方的楚国,在那儿当上了大官。但《史记·仲尼弟子列传》的子路传记部分,依次记载子路曾经做过的官有:季氏宰(季氏是鲁国的贵族)、蒲大夫(蒲是卫国的一个邑)、卫大夫孔悝之邑宰;并说子路最终死于卫国邑宰的任上。如果事实上子路只不过在位于老家山东近邻的卫国谋了一份差事,而并未千里迢迢地奔赴南方的楚国就任高职,那么二十四孝故事所渲染的子路"从车百乘,积粟万钟;累裀而坐,列鼎而食"以及由此而来的感叹,其真实性不也很可怀疑么?

也许我们不该用古文献学的考据方法来对待二十四孝故事,因为二十四孝故事本不过是一种较为通俗的道德劝善工具,而不是一部严谨的史学著作。选中孔门中颇为著名的子路来作"为亲负米"故事的主角,或许也不过是古代中国人惯用的"拉大旗,做虎皮"的套路。重要的是"为亲负米"这一情节本身,从宣传的角度说,它实际上已不是一种单纯的比较辛苦的劳作表现,而被赋予了一层道德的色彩。子路作为一名圣徒,从某种意义上说他背起的也不仅仅是沉重的粟米,而是肩负了一种道德的责任。这种道德的责任在二十四孝故事的编者看来不应当是外加的,而应当是发自每一个为人子女的内心;这种道德责任也不应随个人身分的变迁而变迁,无论富贵贫穷,任何人在任何时候都应当毫无怨言地加以承担——即便是这种道德责任所负担的对方已不再存在,负责的一方也应当由衷地感到那是一种巨大的失落,而不是相反地庆幸责任的终结。正因为如此,尽管孔门圣徒子路为亲负米的故事或许纯属虚构,但这一故事的构造背景,以及这一故事后半部分所设计的富贵后的子路对于往昔生活的怀恋,却为我们提供了一份传统中国社会道德宣传模式的精彩样板,从而使我们对于孝的观念又有了一层新的理解。相比之下,由对照史料而来的那种对本则故事的失望感觉,倒显得无足轻重了。

6 鹿乳奉亲:夷儿披上了兽衣

若不是本则故事有一个颇具戏剧意味的结局,它本来是十分平常的:周代有位孝子名叫郯子,父母年纪都很大,又都患了眼病,听人说喝鹿乳可以治好眼病,这二老便动了想搞些鹿乳来尝尝的念头。郯子对父母的话是言听计从的,既然父母有了这个念头,他便披了张不知从哪里弄来的鹿皮,跑到深山老林里,混在鹿群之中,趁便挤取母鹿的乳汁,拿回家来供双亲享用。因为他身披鹿皮在深山里跑来跑去,装得大概又挺像一只鹿,所以有一回被猎人瞧见了,信以为真,张开弓便要射。千钧一发之际,郯子赶忙直起身子,向猎人吐露了自己身披鹿皮的实情,这才得以幸免于难。

从二十四孝故事群体看,这则故事的基本情节与另一则题为"卧冰求鲤"的非常相似,都是顺从父母之命,冒着生命危险去谋求某种食品。而本则故事的知名度却远不如"卧冰求鲤",因此这种行孝的方式对于后代孝子的影响,我们将到本章第十八节叙述"卧冰求鲤"故事时再行介绍。

但这则故事却给我们留下了一个有意味的问题:关于孝的观念跟夷夏之辨的联系。虽说这个问题在二十四孝故事中未给予任何提示,然而通过将有关的史料钩稽出来,作为本则故事的一个补

鹿乳奉亲

充,我们却发现:这则故事背后所蕴含的意义,要比故事情节本身不平常得多。

一切还得从头说起。大家都知道,从很早的时代起,中国就有所谓"夷夏"的说法。"夏"是以黄帝为首的中原各部落联盟对本民族的自称,也称"华夏""诸夏";"夷"则是华夏民族对异族尤其是东方异族的贬称,这一贬称有时也跟另一个对南方异族的贬称合用,即"蛮夷"。传说古代东方有一个以鸟为图腾的民族,它的首领叫少皞,号金天氏,曾用鸟名命名了各种官职的名称,以此来管理农业等方面的事务。以少皞为首领的这一支东夷民族,传到春秋时代,已颇为萎缩,只占据了山东的一小块地盘,是为郯国。而郯子,便是这一小国的君主。

据《左传》记载,郯子曾于鲁襄公七年和鲁昭公十七年的秋天两次来朝周廷。十七年来朝时,昭公亲自设宴款待,席间鲁国贵族叔孙昭子请教郯子:"少皞氏用鸟名做官名,那是为什么?"这一问正中身为少皞氏后代的郯子下怀,当即侃侃而谈:"少皞是我的祖先,我清楚其中的缘由。从前黄帝把云奉为吉祥的征兆,他的百官便都用云来命名;炎帝奉火为吉兆,他的百官便都用火来命名;共工奉水为吉兆,他的百官用水来命名;太皞奉龙为吉兆,他的百官都用龙来命名。我高祖少皞氏,名叫挚,他掌权的时候,正巧有凤鸟飞来,所以借了这种祥瑞,便奉鸟为吉兆,而他的百官,也就都用鸟名来命名了:凤鸟知道天时,所以用作主管历法的官名;凤鸟之下,玄鸟也就是燕子春分来秋分去,所以用作分管二分的官名;伯劳从夏至开始鸣叫,到冬至停止,所以用作分管二至的官名;青鸟从立春开始鸣叫,到立夏休止,所以用作分管立春、立夏的官名;丹鸟立秋飞来立冬飞去,所以用作分管立秋、立冬的官名。祝鸠性情谨慎,有孝顺之心,所以用作主管教化的官名;鹍鸠有搏击之力,又严于雄雌之别,所以用作主管军事和法制的官名;鸤鸠也就是布谷鸟办事平均,所以用作主管平整水土的官名;爽鸠也就是老鹰性格刚强,所以用作主管打击盗贼的官名;鹘鸠春来冬去,从无止息,所以用作主管繁忙的营造之事的官名。以上五鸠之官,正如'鸠'字的意义为聚集,是用来聚集民众,防止他们流散的。此外还有五种以'雉'命名的官,是主管手工业的,他们的职责是便利器用,校正度量衡方面的问题,使百姓民众诸事平均。又有九种以'扈'命名的官,是主管农业的,他们的职责是制止农人的越轨之举,使其不至于过分放肆。自从颛顼替代少皞执政以来,没有什么高远的瑞征出现,所以只能以身旁的事情为标记,百官也就只能用民事的性质来命名了。这都是因为后来的执政者仁德比不上少皞,不能感动上天降下瑞兆的缘故。"郯子的这一番长篇大论,想必使叔孙昭子深为折服。后来孔子听说这事,也亲自去找郯子,向他学习有关的知识。学成之后,孔子感叹道:"我听说过这样的话:天子失官,学在四夷,现在看来,这话还是很有道理的。"

　　孔子的感叹是值得注意的,因为它实事求是地反映了长期被华夏民族视为野蛮民族的东夷,实际上在某些方面保留了与文明部落一脉相承的文化传统。由此我们回溯上去,再重新读一下夷族后裔郯子有关少皞"以鸟名官"的长篇大论,又可以发现,孝的观念其实在东夷民族中也早已存在,而并非为华夏族所独有——《左传》杜注对郯子所谓"祝鸠氏,司徒也"解释说:"祝鸠,鹪鸠也。鹪鸠孝,故为司徒,主教民。"这种合理的引申想必有某种现实的思想作为依据。而既然孝的观念在东夷民族中同样早已存在,二十四孝故事"鹿乳奉亲"一则的主人公又是东夷民族的嫡系后裔,那么孝这种道德观念的最初产生,不可能完全受制于理论色彩颇强的儒家思想,便是显而易见的了。这倒或许正好给本书开首提到的孝的起源与祖先崇拜有关的话题提供了一个侧面的论据:一种彬彬有礼的道德观念或许必然地诞生于一个文明程度较高的民族中,但宗教意味的崇拜却在比较落后的民族中普遍存在。只要我们不把孝单纯地理解为一种温情脉脉的感情表露,而现实地将它与古代中国人的生活方式与生殖需要相联系,那么我们便不会对上述的结论表现出惊讶。而从这样的立场去看待二十四孝故事中的这一则"鹿乳奉亲",则郯子虽身为夷儿,又披上了兽皮,所表现的行为却与文明民族里的文明人所做的没有任何差异。

7　戏彩娱亲：假作真时真亦假

这是二十四孝故事中流传最广、最为人熟知的一则。

故事的主人公是周代楚国人，名叫老莱子。据说他七十岁时，父母双亲都还健在，因此他说话从不称自己老了。为了让父母开心，他曾经穿着五彩斑斓的衣服，手持拨浪鼓，模仿婴儿玩耍的举止，在双亲跟前舞来舞去。又一次他担水经过堂前，故意跌了一跤，然后趴在地上，像小孩子一样呜呜啼哭，以此引来父母的一阵哈哈大笑。

这位老莱子先生据《史记》说，曾一度做过孔子的老师。同书《索隐》引《大戴记》云："德恭而行信，终日言不在悔尤之内，贫而乐也，盖老莱子之行也。"由此可见其品行高尚，是毫无疑问的。但他在二十四孝故事里的那副面目，似乎总让人疑心：这老头的心理是否有些不正常？

鲁迅先生曾经谈到他小时候读到老莱子的故事时，感觉是怎样的不舒服："我至今还记得，一个躺在父母跟前的老头子，一个抱在母亲手上的小孩子，是怎样地使我发生不同的感想呵。他们一手都拿着'摇咕咚'。这玩意儿确是可爱的，……然而这东西是不该拿在老莱子手里的，他应该扶一枝拐杖。现在这模样，简直是装

70 "孝"与中华传统

佯,侮辱了孩子。我没有再看第二回,一到这一叶,便急速地翻过去了。"(《朝花夕拾·〈二十四孝图〉》)

然而令人颇为诧异的是,就是这出虚情假意、看了让人不舒服的孝子戏,在中国的历史舞台上却不断重演,演戏新秀也层出不穷,清朝尤其多见。

康熙年间江南和州有一双兄弟,哥哥名叫薛文,弟弟名叫薛化礼。因为家里贫穷,又要奉养老母,弟兄俩便商定:一人出去打工,一人便在家陪母亲,按时轮换。这主意倒也不坏,留在家中的儿子整日陪着母亲闲聊,母亲便也不觉得孤单了。到了傍晚,外出打工的那儿子带着酒米鱼肉回到家里,做几个拿手好菜,哥儿俩跟老母围坐桌前,吃一顿团圆的晚饭,高兴时哼唱几句助助兴,也颇有情趣。可到了天寒地冻之时,兄弟俩的举止便有些不太正常了。他们背着母亲到户外晒太阳,为了让老娘高兴,竟都学着侏儒的样子,百般作态,以博母亲一笑。

后来又有个卖豆浆的甘肃人,名叫郭味儿,专用老莱子的方法对付生气上火的老娘。据说郭母生性严厉,稍不如意便要大发脾气,郭味儿便对之采取撒娇的办法,一逢到老娘翻脸时,他便装出一副小孩的样子,来逗老娘开心。还有个昆明的哑巴孝子,家有老母,靠他沿街行乞来奉养。有时老母不高兴,发怒了,他也便手舞足蹈,一定要等老母气消了才停下来。虽说这二位除了学小孩样娱亲一点外,在对待亲娘的孝行方面并无反常之举,但为了让亲人平息怒气,竟时不时地要采取有悖常理的举动,让人看了总觉得有些难以理解。

传统中国社会以儒家思想为主要的人生行为指南,而儒家思想从某种程度上讲,是十分重视人的尊严的,所谓"士可杀,不可辱"便是例证。但传统中国社会的现实又不得不十分强调经验的作用,因此对老人的尊重以至完全服从,便成了那个社会一种不言自明的规则,"孝"的观念便是这条规则的具体表现。"孝"有时是要与人的尊严发生矛盾的,而习惯的消除矛盾的做法,是人的尊严让位于"孝"的准则,比如当父亲犯罪将受刑戮时,子女可以不顾自己个人的名声,代替父亲承担罪责,如果这样做,多半能得到官方的表彰,缇萦救父便是一个典型的例子。再稍微向极端的方向迈进一步,子女以主动放弃个人尊严的方式行使孝的义务,则便有了老莱子七十岁"戏彩娱亲"之类的活报剧。好在古人是重老不重小的,为了老人而装小,在老人跟前多半还有些可爱,而不大会像今天我们看去那么不正常。

  但是毕竟"假作真时真亦假",老莱子等人的所作所为,其出发点可能完全是诚心实意的尽一番对老爹老娘的孝心,可用来作后世行孝的榜样,恐怕只能适得其反:鲁迅先生生当清末,读了老莱子娱亲的故事觉得是"装佯""侮辱了孩子",这大概是二十四孝故事的编者始料未及的吧。

8　卖身葬父:《天仙配》序幕

"树上的鸟儿成双对,夫妻双双把家还。"这熟悉的唱词,出自一出黄梅戏名剧——《天仙配》。但不知您是否知道,《天仙配》故事的雏形,竟是二十四孝故事里的这则"卖身葬父"?

故事原本是有些浪漫色彩的,但却谈不上欢快。其较为完整的情节,在晋代干宝的小说集《搜神记》里已可见到。传说董永是东汉千乘县人,早年丧母,与父亲相依为命。后来逢到兵乱,父亲不幸去世,董永却因为穷困,无钱料理丧事。万般无奈,只得把自己预卖给有钱人家做家奴,以此借得一笔钱,将亡父安葬了。他是个标准的孝子,所以葬了父亲,又守孝三年。他又很讲信用,三年完丧之后,便打点行装,前往那户借钱给他的人家去做偿还债务的家奴。也是赶巧了,半道上遇见一位女子,说愿意做他的妻子,董永也不加细想,便带着她一起来到那户有钱人家。那户主倒是个好人,见了董永,便说:"那笔钱就算送给你吧。"董永却不依,回答道:"蒙先生的恩惠,鄙人的父亲得以安葬。董永虽然是个小人物,但一定要在此尽力服侍,以报先生的厚德。"主人见他这么认真,又带了家眷,便问:"你妻子能干什么?"董永回答说:"能织布。"主人便说:"你一定要留下来的话,就让你妻子替我织一百匹细绢吧。"

卖身葬父　73

"孝"与中华传统

于是董永那位来历不明的妻子便在主人家开起了织机,仅用十天的工夫,便完成了任务。待两人离开那户人家,那位一度是董永妻子的女人才向董永吐露了实情:"我是天上的织女,因为您非常孝顺,所以天帝派我来帮助您偿还债务。"话音刚落,仙女便凌空飞去,无影无踪了。

这一故事到后来被编入二十四孝时,部分细节有所更改,如那个借钱给董永的户主,不再是一位谦谦君子,为了收回债款,当董永带着妻子前去以身偿债时,他竟要求董妻织三百匹细绢,才可以放他俩回家;也许是考虑到三百匹的数目比较大,所以董妻——那位仙女完成任务的时间也由十天延长到了一个月;此外在某些版本中,故事末尾两人脱离牢笼,再次来到初次相逢的槐树荫下时,那位仙女似乎也没点破自己的真实身分,便辞别董永,给董氏留下了一个永远也无法解答的谜。

但不论有关记述的差异如何,故事的中心环节从未有任何更改,董永卖身葬父的行为一直被视作一种极为崇高的举动而被褒扬,仙女下凡鼎力相助,那神话般的情节又给这种褒扬涂上了一层诱人的光环。虽然在现实里从未出现仙女下凡的奇迹,但类似的卖身葬父故事却不乏其例。

南朝有个庾震,字彦文,是新野人。父母去世时,他穷困潦倒,拿不出钱来给父母下葬,便谋了份替人抄写的差事,日积月累,以此筹集有关的费用,最后直抄得手掌都穿破了,才攒够了葬事所需的钱数,让父母安然入土。这种近乎自虐的孝行感动了当时南阳的一位文人刘虬,刘氏为此专门写了一篇《孝子传》,对庾震的行为加以宣扬。同时又有一个吴兴人朱文济,字敬达,母亲去世,无钱营葬,便以自卖来筹备丧葬费用。事为当地太守所知,有意招他入

卖身葬父

仕,命为儒林,可朱氏却不愿以此显名,竟不应招。

到了元朝,有个名叫郭回的,是邵武人,又以同样的方式赢得了史家的赞许。郭氏家里一向贫穷,到了六十岁还没娶上媳妇,一天到晚就跟母亲一起寄宿在神祠里,生活颇为艰难。但艰难归艰难,老母亲由孝子奉养,倒也高寿,活到了九十八岁才合上眼。老母一去,郭回便又面临如何安葬的问题。想来想去,他还是采用了董永的老办法,替人作佣工,得钱来经营丧葬之事。他自然没有董永的福分,盼不到仙女下凡相助,即便是凡人似乎也不帮他什么忙。大约是深切感到了做人的孤寂,所以老母入土之后,每天清早他都要赶到坟上哭祭,这举动一做就是十四年,而且从无间断。郭氏那伤心无比的眼泪,是为命归黄泉的老母而流,还是为命运多舛的自己而流,也只有他自个儿心里明白了。

类似令人慨叹的故事在清朝也出现过。有一个名叫曹亨的小男孩,是陕西镇安人,十一岁就死了母亲,无力替亡亲准备一口棺材,又急又伤心,便在路边号啕大哭,请求过路人将自己买去,以换得钱来殓葬母亲。有人瞧他可怜,便给了些银子,小曹亨拿着银子安葬了母亲,之后便找到那给银子的人家里,终身替那家人做奴仆。言而有信,虽不过是董永之举的再版,但事非传奇故事而又出自一个十一岁的小男孩,终究是难得的吧。

由董永卖身葬父而引来的这一系列故事,或哀怨动人,或高义可叹,其共同的背景则都是传统中国社会有关"追孝"的道德规范,更具体地说,是礼法所要求的为人子者对已故亲人完成"追孝"的第一责任:"入土为安。"那种礼仪规范的完成不仅需要诚心与责任感,更需要实在的经济条件:正规的入殓、经营坟地等丧葬事务需要一笔可观的资金。筹措这笔资金并以此体面地使亡亲安葬,在古代中国人看来,是孝心的一种极为重要的表现。不幸的是农业社会的旧中国里有相当一部分人活着的首要目标便是自身的温饱,在那样艰苦的条件下再想为亡故的亲人额外准备一份安葬费,有时就比登天还难。为了尽孝,为了无愧于为人之子的正面形象,一些人便不得不将自己打入人间地狱,用活人的痛苦劳作换取死者的安然长眠,这些甚至愿以自己终身被奴役的代价来实现他们认为崇高事情的人们是值得同情的,但像旧史那样加以刻意的宣传,却是残酷而不近人情的。

我们赞赏出自董永"卖身葬父"故事而又不同于二十四孝主题的《天仙配》一剧,因为在那出著名的黄梅戏里,玉帝的第七个女儿——七仙女,不再是受天帝之命,因为董永大孝,才下凡来帮助董永的,她只是向往人间的幸福生活,便独自从天而降,与勤劳正直的董永结为恩爱夫妻。这其中董永的卖身葬父情节已降至比较次要的地位,道德说教的成分也大大减轻,唯其如此,《天仙配》才比二十四孝里的这则"卖身葬父"故事更有生命力,更为普通大众所喜爱。

9　为母埋儿:荒唐的逻辑

　　鲁迅先生在谈到自己早年阅读二十四孝故事的情形时,曾说:"其中最使我不解,甚至于发生反感的,是'老莱娱亲'和'郭巨埋儿'两件事。""老莱娱亲"前面已作过介绍,这里我们就来看看"郭巨埋儿"——在流传甚广的二十四孝故事里,它又称"为母埋儿"。
　　故事的主人公郭巨是东汉时代人,一家四口:老母亲、妻子、郭氏,还有个年方三岁的小儿子。因为穷,所以一家子在食品供应方面总显得比较紧张。老母亲自然是非常喜欢小孙子的,因此常常把自己的那份口粮省下一点,给郭氏的小独苗吃。郭巨却看不下去,跟妻子商量说:"家里贫穷缺粮,没法很好地供养老母,小儿子还分了老母的一部分口粮,何不就此把这小子活埋算了。儿子可以再生一个,母亲却不能再有第二位。"郭妻一听这话,自是吃惊得很,可也不敢违背丈夫的意愿,便只得答应了。郭巨于是亲自挥锄掘坑,准备为母埋儿。苍天有眼,那埋儿坑掘到三尺多深时,忽然露出一锭金灿灿的黄金,上面镌刻着十六个字:

　　　　天赐黄金,郭巨孝子。
　　　　官不得夺,民不得取。

有了这上天的赐与,郭巨那三岁的小儿子才化险为夷,捡回一条性命。

读了这则故事,相信许多人跟鲁迅先生一样,是会"不解,甚至于反生反感的"吧。郭巨为人之子,或许是称得上尽孝了,但他为人之父,却显得自私而冷酷。因为穷困,发生口粮危机,造成老祖母与小孙子之间那种表面上的矛盾,本来是应该在祖孙两人之外寻找解决的办法的——为了使年迈的祖母不至于因分食给小孙子而体力不支,作为儿子与父亲的郭氏本人为什么不能学一学他善良母亲的样,把自己的口粮分一点给自己的亲生骨肉呢?退一步说,或许郭氏与妻子的口粮本已减到最低限度,无法再拿出来供养自己的骨肉,那他选择的埋儿救母的办法不又从根本上违背了孝的基本原则——"不孝有三,无后为大"么?再退一步说,郭氏的埋儿理论"子可再有,母不可复得"似乎合于逻辑,能够解决"无后"与"有后"的矛盾,可老母亲分食给小孙子,不仅是为了后代的成长,更是基于一种深切的爱,这在本则故事里已经有明确的说明,那么郭氏这种无情地夺取老母亲所爱的做法,不又违背了孝的另一条规则——对父母的意志"无违"么?由此可见,郭氏为母埋儿的理论与实践从表面上看似乎合乎伦理,有逻辑的依据,从根本上说却是荒唐悖理的——既不合乎普遍认同的做父亲的人伦天性,也不符合传统中国社会一贯倡导的为人子的孝顺之道。

与此同时,与郭巨如出一辙的无情孝子在东汉之后也屡有诞生。南朝刘宋时期有个郭世道,是会稽永兴人。出生不久母亲就去世,父亲又娶了一位妻子。郭氏侍奉父亲与继母,备尽孝道。十四岁那年,父亲又去世了,郭氏无比悲痛,哭得死去活来。因为家里穷,没什么产业,为了奉养继母,郭氏从此只得替人去做长工。

80　"孝"与中华传统

后来他自己娶妻,生了个儿子,家境愈见潦倒,夫妇俩便合计:"如此辛勤干活,供养老母,还觉得力不从心;如果再养个儿子,那么花费就更大了。"于是流着眼泪,效仿他同姓先人郭巨的办法,将亲生骨肉活埋了。这位南朝郭孝子或许比东汉郭孝子稍多一份慈爱,其为母埋儿之举或许也是万般无奈,但那实际的后果,却总让人觉得不寒而栗!

清代又有一位周士晋,江苏嘉定人。母亲得病,许久没有治愈,有一回听一个郎中说喝人乳可以救母亲的命,便跟妻子李氏商量,把自己才九个月的儿子丢在路边,拿李氏的乳汁去给生病的母亲喝。母亲病愈之后,问小孙子的去向,夫妇俩不讲实情,仅说得病夭折了。以后李氏没能再怀身孕,两口子据说也毫无怨悔。这样过了十二年,有一个和尚偶然为一位姓殷的小孩算命,结果发现小孩的出生年月日跟周士晋早年丢弃的小儿子完全相同,再细打听,原来就是被行孝的父母所抛弃的那根小苦瓜。离散多年的父子终于团聚了,但已经懂事的孩子对父母当年的所作所为会怎样想呢?

自然也有因为戕害后代换取孝名而反遭报应的。明洪武二十七年九月,山东地方官员上奏朝廷说:"日照小民江伯儿,母亲患病,割自己胁下之肉奉食治疗,没有效果,便祈祷泰山之神,声称若能使母亲病愈,愿杀子相祀。后来母亲的病好了,江伯儿竟真的把自己才三岁的小儿给杀了。"朱元璋闻讯,大为愤怒,说:"父子天伦至重,《礼记》规定长子死了,父亲都要服丧三年。如今小民竟这般无知,灭伦害理。对此应当尽快治罪!"圣旨一传,江伯儿这位痴心孝子便倒霉了:不仅挨了一百下大板,还被发配去了遥远的海南。然而朱元璋及其臣僚虽然对江氏的悖理之举采取了果断的措施,却没有考虑到那记载着郭巨为母埋儿的二十四孝故事依然在社会上作为道德教化的工具广泛流传着,那一重无法解决的矛盾,似乎谁也无心去思量。

10　涌泉跃鲤：浪漫的演绎

在四川省德阳市西边与绵竹县交界的地方，有一个历史悠久的小镇——孝泉镇，那镇子之所以以"孝泉"二字命名，是因为它与二十四孝故事中颇为神奇的这一则"涌泉跃鲤"有关。

"涌泉跃鲤"的故事最早见于《后汉书》卷八十四的《列女传》，起初故事的主人公是一位名叫姜诗的广汉人之妻，姓庞，乃同郡庞盛的女儿。据记载，姜诗对母亲特别孝敬，妻子庞氏对婆婆也尽心侍奉。姜母喜欢喝江水，但江边距姜家路途有六七里，庞氏却不在意，常常赶去江畔，挑着水回来给姜母喝。后来有一次遇上了狂风，庞氏没能尽早担水回家，在家的姜母感到口渴，姜诗待庞氏回来后便大大地数落了一通庞氏，末了还一气之下将这位贤惠的妻子逐出了家门。庞氏无奈，只得暂时寄宿于邻居家。为了使姜家人回心转意，庞氏在邻居家昼夜纺纱织布，以此换钱，然后从市面上买了好吃的，托邻居家的母亲捎给自己的婆婆。姜母起初不在意，以为是邻居老母的一番心意。可时间一长，人家老是送来东西，姜母便感到有些蹊跷了。一追问，才知道这许许多多的佳肴美食都是自己那位孝顺的儿媳送的。姜母顿时大感惭愧，便招庞氏重归姜家。庞氏回家后，又比以前更谨慎更勤快，而没有半句怨言。

涌泉跃鲤　83

84　"孝"与中华传统

后来庞氏的儿子稍稍长大了,也挺有孝心,经常跑去江边挑水,可天有不测风云,一次不小心,竟被江水吞噬了。亲生骨肉不幸去世,庞氏自是很悲痛,可她恐怕姜母知道失去了孙子会过分哀伤,便一直瞒着,不敢跟婆婆讲实话,姜母问起,也只说去上学了不在家。姜母倒也自在,原先是喜欢喝江水,这回又道爱吃经过细切的鱼肉,还不愿一个人单独享用。姜诗与庞氏夫妇俩为此辛勤劳作,然后买鱼来做给姜母吃,每次还一定请上邻居家的母亲作陪。据说姜氏夫妇的孝心最后终于感动了上苍,他们住的屋子旁,有一天忽然从地下冒出来一股清泉,那滋味跟江水颇为相似;泉中每天清晨还总是会跳出两尾鲤鱼,正好用作姜母和邻居老母的日常膳食。人被感动更是不必说,当时有一群闹事的流寇经过姜氏乡里,竟纤毫不取,匆匆而去,其理由据流寇自称,是"惊大孝必触鬼神"。

《后汉书》所载的这篇庞氏传记,后来收入二十四孝故事时,主人公被改成了姜诗,这从故事的篇名又称"姜诗跃鲤"可见其端倪。同时,故事里又删去了姜诗逐出庞氏以及庞氏子溺死两个在原传记中比较重要的情节,致使姜诗的形象较之原本光彩了许多。作为一种重要的劝善手段,有关"孝感"的场景被强化了,其目的不言自明,与二十四孝故事开篇即标举虞舜"孝感动天"完全相同。

由于二十四孝故事的版本有许多,所以各本所记同一题目的故事间或在细节上小有出入,也是可以预料的事。但很有意思的是,在民国年间源盛堂刊行的《图绘二十四孝歌》中,"涌泉跃鲤"的故事演绎出了一些全新的内容,在《后汉书》里稍稍提及的庞氏之子,这位在其他版本的二十四孝故事中从未露面的小孝子,一跃成为故事的主人公:

> 涌泉跃鲤奉高堂,一点孝心感上苍。
> 孝顺还生孝顺子,安安送米看亲娘。
> 安安行孝孝最全,一门三孝世相传。
> 他的母亲庙中去,皆因祖母太不贤。
> 祖母眼目不看见,听他姑娘说谗言。
> 将他母亲休出去,尼姑寺内把身安。
> 安安见他无供奉,朝朝日日往寺前。
> 井水送去不进慢,庞氏见儿泪潸然。
> 日后姑娘来受罪,母子仍旧又团圆。

这是颇为耐人寻味的:原在《后汉书》里有详细记载或稍加提及而又被普通版本的二十四孝故事删去的一个情节(庞氏被逐)与一个人物(庞氏之子),在这通俗的七言歌谣里又重新得到了恢复,而且是一种富于想象力的恢复。这种富于想象力的恢复基于中国民间百姓的一种极为普遍的爱憎观念,在这种观念的指导下,故事里原有的人物被类型化,比如姜母,就明确地被指为是一个"不贤"的婆婆;同时,又增加了一位颇具感情色彩的人物——姜家姑娘,这正好成就了传统中国社会种种家庭矛盾中具有典型意义的一种:婆媳不和,姑娘作梗。在这样的背景下推出第二代孝子——据说名叫安安,则"涌泉跃鲤"的故事就远比普通版本的二十四孝故事所讲的要生动得多,悲戚得多,也使人容易接受得多。因为说到底,无缘无故地忽然从地下冒一股泉水、跃两尾鲤鱼,毕竟难得一见;但一位孝顺的儿媳不见容于一位可恶而贪食的婆婆,外加有一位自私的姑娘在一旁煽风点火,那对平民百姓来说,是多么熟悉因而多么愿意为之掬一把同情之泪的故事啊!有这么一个以悲剧为基调的小故事,再由一位懂事的小儿子来穿针引线,那平民百姓的爱憎,不就可以有了明确的释放渠道,孝的伦理,不也平添了一层浓厚的感情色彩么？至于姜母究竟是耳聪目明还是眼盲,庞氏被休后是寄居在邻居家还是尼姑庵,姜诗在这中间干了些什么,安安最后是死是活,倒不妨让好奇的读者去猜测,反正不用强调"涌泉跃鲤"之类的孝感,昔日的大多数普通读者恐怕也早已被感动了。

11　拾椹供亲:甘苦寸心知

椹(音 shèn)是桑树的果实,通常它只是鸟儿们的一种食物。《诗经·鲁颂》的《泮水》篇里,有"翩彼飞鸮,集于泮林,食我桑黮"的诗句,其中的"黮"字与"椹"相通,说的便是猫头鹰飞进泮宫的树林里,来啄食桑树所结的这种果实;另一篇著名的《氓》诗中,又有"于嗟鸠兮!无食桑葚"的感叹,那"葚"字是"椹"的别一种写法,而诗人之所以有如此的感叹,又据说是因为鸠吃了桑椹便会迷迷糊糊,活像个醉鬼,那自然不太雅观。

但在二十四孝的这则故事里,本是鸟食的桑椹却成了人的主食,以此为主食的人同时又以自己的独特行为使不同色彩的桑椹沾上了几许道德的色彩。

主人公生活于那个风云多变的时代——两汉之际,姓蔡名顺,字君仲,河南人。他很小便没了父亲,只有娘儿俩相依为命。蔡氏对母亲自然是十分孝顺的,但生不逢时,碰上了西汉末年的王莽之乱,又加上水旱天灾,便落得个食不果腹的悲惨下场。为了求生,蔡顺独自一人到山间去拾桑椹,因为那东西既然鸟儿喜欢吃,想来总也能填一填人的辘辘饥肠。他又是个细心人,行前专门备了两只篮子,到山里拾桑椹时便将黑色跟红色两种不同颜色的果实分

拾椹供亲

开来装,据说红桑椹是未熟的桑树果实,吃起来味道甚劣,而黑桑椹则已成熟,滋味相对好些。但这做法在旁人看来不免有些奇怪。有一回蔡氏进山拾桑椹,被山里一群赤眉兵(当时铤而走险的一股农民军)瞧见了,便问他:"干吗要分开装?"蔡顺答道:"黑桑椹是留给家母食用的,红桑椹则自己吃。"话虽平常,可这一份难得的孝心却打动了那群动刀动枪的强人,他们不知从哪儿弄来三斗白米、一只牛蹄,把这一份厚礼当即送给了以鸟食度日的蔡氏母子。

把这则"拾椹供亲"故事与前述的"为母埋儿"故事作一对照,即使不从复杂的逻辑方面说,仅从生于两汉时代的两位主人公——蔡顺与郭巨,其个人品德上来说,孰优孰劣,已昭然若揭:当郭氏采用戕害无辜后代的做法实现自己尽孝的道德义务时,蔡氏却以看似平常的分食,展现了其恪守传统道德规范的一面,而这一面又无疑较郭氏光彩得多。

同样地,当中国历史上一些愚蠢的孝子采用郭巨的冷酷做法为自己赢得大孝之名时,更多的具有正常理智而又不失赤子之心的人们,却在以自己平凡的举动,报效他们父母双亲的养育之恩。

"拾椹供亲"这类苦难感人的故事之所以产生,都是由于传统中国社会落后的经济水平与频繁的天灾人祸。如果设身处地为昔日那些挣扎在贫困线上的人们想想,当他们面临着自身无法选择与摆脱的困境时,还能够考虑到自己近旁的亲人,并以自己忍饥挨饿为代价换取亲人的些许平安,那样做的确需要非同寻常的决心与爱心!

我们相信一个社会的发展,最终还得取决于生活于这一社会之中的人的素质。从这个意义上说,仅知对父母尽孝而失落了个人自身理想的人,是无法成为社会发展的重要推动力量,而最终也无法将自己与父母从贫困中解救出来的。但是对那些生活于往昔昏暗岁月里的人们，我们没有理由去苛求他们。高标准的社会理想的实现，首先需要教育的普及。但古代中国的教育仅作为一种仕进的途径存在，高水准的文化精英与低层次的农村平民各有一片天地，反差极为强烈，因此由普及教育进而增强民众文化素质的努力，在传统中国社会里最终没有形成一种主流趋势。以如此特殊的历史文化为背景生活着的普通中国人，在艰难的生活条件下还有"拾椹供亲"那般富于人性与温情的举动，则其难能可贵理当赢得后来人由衷的礼赞。

12　刻木事亲:偶像带来的悲剧

香烟缭绕的肃穆氛围里,一群披麻戴孝的男女对着香案上一块细长的木牌三跪九叩,那情形在昔日是颇为常见的。木牌又称木主,它是那群孝子贤孙已故亲人的"亡灵"所在,通过它,人们认为可以将自己的哀思与怀念传达给九泉下的亲人。

二十四孝的这则"刻木事亲"故事,与昔日常见的这种追思场面异曲同工。唯一特殊的,是木主被好事的主人公雕刻成了真人的形象。而偶像既出,悲剧也随之拉开了序幕。

据说丁兰是东汉河内人,自幼父母双亡,没机会尽一点做儿子的孝心。长大之后,想起父母当初生育自己的辛苦,总觉得欠九泉下的双亲一笔情,便用木头雕刻了双亲的坐像,朝夕供奉,仿佛父母还活着一样。丁氏是有妻室的人,他自己那样做,自然也让妻子跟着做。时间一长,妻子可就不耐烦了,有一回闹着玩,背着丁兰,拿了根针来朝偶像的手指上戳了两下,不料那木头的手指上据说竟被戳出血来。后来偶像见到丁兰,两双眼睛里便扑簌扑簌地掉下了眼泪。丁兰知道出了事,从妻子口里问得实情,便二话没说,立即将妻子从家里赶了出去。

以木头制成的偶像竟能出血流泪,其中的虚幻成分自不待言。

刻木事亲

不过通过这一故事，却让人联想到了传统中国社会因为"孝"而引发的两种类型的悲剧，其中之一便是古代中国人基于某种迷信观念而产生的对亡灵偶像、牌位的绝对崇奉。

元末明初有个名叫李德成的，从小没了爹。十二岁那年，正值元末兵乱，他跟着母亲逃难来到黄河边上。眼看着后面贼寇的骑兵日益迫近，李母一时想不开，便投河自尽了。李德成于是只能靠自己艰苦度日。后来他长大了，娶了个媳妇王氏，夫妇俩为了尽一点"追孝"的责任，便用泥土堆出了李氏父母的偶像，朝朝暮暮对那一双永远也不会开口的亲人叩首作揖。这是常规下的超标准举动。

清朝又有个叫刘希向的，一次家中不小心着了火，他父亲冲进火海，别的不抢，首先抱住的便是祖宗的牌位与遗像。做儿子的刘希向当时正出外归来，见此情形，也冲进火丛里，寻找自己的父亲。找了一阵子没找到，号哭着跑了出来；看看外头并无父亲的影子，又冲了进去。一会儿墙塌了，火场外头的人见庭院树下有人影晃动，赶过去一瞧，竟是已被烧伤的刘氏父子。只见刘父左手捧着先祖的遗像，右手握着先祖的牌位，自个儿连站都站不住，要人背着出来；再瞧一旁的刘希向，手里紧抓着父亲的衣服，额头却有一半烧焦了。这是非常事态里的非常举动。

这种无论在常规还是非常情况下均有出现的对亡灵偶像、牌位的绝对崇奉，从一个侧面反映了古代中国人的生死观。很明显，当死不被看作是生命的完结，而仅仅是去另一个未知世界漫游时，做子女的如果在父母生前未能尽一份孝心，那么他们就不妨接着用近似人间的方式去完成他们的宿愿。这其中的一份诚心无疑是大可慨叹的，然而具有悲剧意味的是：事实上这种崇奉从未得到任何来自九泉的反响，而活着的人却为之耗费了数不尽的光阴乃至整个生命。

"刻木事亲"的故事同时也与另一种社会学意义上的悲剧相关联,那就是所谓的"出妻"。传统中国社会是个强调夫权的社会,在那样的社会环境里,女人一旦为人之妻,在道义和法律上便要受到多重的约束;而做丈夫的对妻子若有不满,也可以找到多种理由将之逐出家门。"七出"的习俗惯例到唐宋时被法律化,便是证明。所谓"七出",是指妇女若有"无子,淫佚,不事舅姑,多言,盗窃,妒嫉,恶疾"七种情况中的一种,夫家便可以将之休弃。这其中"无子"与"不事舅姑"两条,明显与孝的观念有关。

丁兰的妻子之所以被休弃,是因为她对木刻的丁氏父母偶像不敬,尽管这种不敬可能只是开个玩笑。由此可见"七出"中有关"不事舅姑"的条令在传统中国社会的实际生活里,不仅涵盖了对父母的"奉养",也包括了对双亲的"追孝"。法律规定外沿的广泛,自必有伦理思想在某一方面的特别强调作其依托,这是古代中国"以礼入法"的一条规律。循此我们去看昔日的夫妻婚姻关系,会很快发现孝的观念在婚姻中要大大强于爱的观念,而其所以如此,根源又在于传统中国社会的婚姻目标是传宗接代,不是爱情的自然结果。因为看重传代的价值,所以血亲的父母关系就必然高于夫妻关系。宋代的苏庆文因大孝而闻名于世,可对自己的妻子,他所作的却是一番冷酷的告诫:"你给我好好侍候我娘,有一点不守本分处,我就一定休了你!"另一位清朝人夏士友,则在妻子跟母亲发生争执时除了当天便把妻子赶出家门,还公然对旁人提出的"出妇,如无后何"的疑问回称:"有妇,欲其孝;有子孙,亦欲其孝。苟不孝,安用妇?安用子孙?"道德规范与婚姻的冲突竟至于如此水火不相容,其间的悲剧意味是显而易见的。

13　怀桔遗亲:拳拳赤子心

在"戏彩娱亲"一则里,二十四孝故事的编者为读者奉献了一个七十岁的老孝子;在此,又向观众引荐了一位年方六龄的小孝童。

小孝童姓陆名绩,吴郡人。其父陆康,东汉末年正做着庐江太守的官。庐江郡与九江郡是隔壁邻居,当时同属扬州刺史部,两郡太守故而时有往来。那回陆绩随着长辈去九江太守袁术家里做客,因为生性伶俐,很得袁术的喜欢,袁氏还特意拿出了当地特产的美味柑橘作招待。陆绩却很有意思,趁人不注意时,偷偷揣了三只柑橘塞入自己的怀里。待临走辞行,才起身向袁氏一拜,三只柑橘便滚落到了地下。袁术见此情形,以为只是小孩贪吃,便开玩笑道:"陆郎来作宾客,还要怀揣几只柑橘吗?"陆绩却当即跪下,一本正经地回答:"我想带回去送给我娘。"六龄小儿却有如此孝心,使袁术大感惊讶。

对于这一则小孝童的故事,我们今天根据有关的史料,还可以作一点补充。据谢承的《后汉书》记载,陆绩之父陆康字季宁,年轻时也是个典型的孝子,十分注意个人操行的修养,后来被当地太守李肃发现,推荐他为"孝廉"。陆康是个知恩图报的人,这以后李肃

怀桔遗亲　97

不知因为什么事犯了法送了命,他不避嫌疑,替李氏殓尸送丧,一直护送灵柩到原籍颍川,并为李氏戴孝。待这一切都完事了,才又应召入仕,做了几个郡的太守,最后来到庐江。中国人历来非常重视家教,而家教又强调身体力行地做榜样,因此陆绩以一个六岁小孩便有"怀桔遗亲"之举,当与孝子出身的父亲的言传身教有很大的关系。

　　陆绩本人的孝行同时也影响了下一代对于传统伦理道德的遵循与重视。据《三国志》裴松之注引《姚信集》说,陆绩有个女儿,名叫郁生,从小便甚重贞节。十三岁那年,许配给了同郡一位名叫张白的做妻子。可不幸的是才过门三个月,这张白便遭家祸,客死他乡。让一个小女孩就这么不明不白地守了寡,这于情于理总是说不过去,所以当时有许多人都劝她改嫁。可陆郁生年纪虽小,对贞操守节之事却看得特别重,她发誓决不再嫁人,而情愿跟已故丈夫的姊妹们一起,过那贫困艰难的生活。年轻女子将一己的未来完全交付给那已经入土的亡灵,这事本不值得称道,但从陆郁生的所思所行,我们却看到了陆绩本人的道德影响力。

　　然而"怀桔遗亲"的陆绩成长以后,却并未因他对传统道德规范的恪守而成就盛名。他的年轻时代正当三国纷争的岁月,孙策据吴地,有一次跟宾客谈天下事,这边被奉作上宾的张昭、张纮、秦松等都认为四海未平,须用武力取胜,不料位居末座的陆绩却冷不丁站起来道:"从前管仲协助齐桓公创业,九合诸侯,一匡天下,不用兵车。孔子也说:'远人不服,则修文德以来之。'如今各位先生不采用道德怀柔的方针,而只想着动武,陆绩我虽是个小字辈,内心实在感到不安。"一席话说得张昭等人都觉得这后生小子太迂了。后来三国鼎立,孙权统治了吴国,陆绩被封了个朝廷小官当他依然说话直来直去,同时仍坚守着儒家的礼义廉耻、仁义道德,但不为当权的喜欢,结果才活了三十二岁,便郁郁而终。临终前,他撰文自称:

> 有汉志士吴郡陆绩,幼敦《诗》《书》,长玩《礼》《易》,受命南征,遘疾逼厄,遭命不永,呜呼悲隔!

悲愤之情,溢于言表。

以陆氏对于传统道德规范的严格尊崇,最后竟因此而不得志,而英年早逝,这确乎是有些让人难以理解的。但我们若不忘陆氏身处的是东汉末至三国那样一段从政治到社会文化均发生急剧变动的时代,则陆氏的悲剧之所以产生,又或许能够得一比较合理的解释。现代史学大家陈寅恪先生在他的《元白诗笺证稿》一书中,曾对新旧道德标准共存的激变时代里,士大夫阶层的分流与变化,作过一段精辟的论述:

> ……值此道德标准社会风习纷乱变易之时,此转移升降之士大夫阶级之人,有贤不肖拙巧之分别,而其贤者拙者,常感受痛苦,终于消灭而后已。其不肖者巧者,则多享受欢乐,往往富贵荣显,身泰名遂。其故何也?由于善利用或不善利用此两种以上不同之标准及习俗,以应付此环境而已。

以陈先生的此段论述去看陆绩的后半生,则三国时代正值新旧道德标准共存之时,而陆绩因其恪守传统道德,正属陈先生所谓的"贤者拙者",所以他虽然早在六岁那年便因"怀桔遗亲"而深为同时人惊讶,但在以后的生活中却未能平步青云。与其相反,那位送他柑橘的九江太守袁术却正属陈先生所谓的"不肖者巧者",虽然他早年也因举"孝廉"而入仕,但在他以后的履历上,填写的却是兄弟相争、巧取豪夺与穷奢极欲等等既不"孝"也不"廉"的肮脏记录。即便如此,袁氏的一生却远比陆绩显赫,他利用了两种完全不同的道德标准,一度还爬到了雄踞一方的霸主宝座上。

　　因此从广阔的意义上说,由历代统治者及其舆论宣传家们大力张扬的包括"孝"在内的一套传统道德规范,在很大程度上是不能保证遵循这些规范的正人君子身泰名遂的,因为历史往往不受道德的制约而被依照人欲的需要随意改变它的前行途径。二十四孝故事的这一则"怀桔遗亲",孤立地看能使我们为小陆绩的那份拳拳赤子心而感到由衷的欣喜,因为它展现了童心中富于人情味的一面;但联系陆绩的后半生经历来看,又使我们觉得无限怅惘,因为那造就小陆绩"怀桔遗亲"的环境与伦理教条,恰恰又同时给这位心地善良的人带去了忧郁与悲愤。

14　行佣供母：兵荒马乱里的无奈

古代中国是个兵祸频繁的国度,除了少数几个王朝的几段短暂的时期,社会治安一直是当局深感棘手的问题,这只要将历代竭力宣扬"国泰民安"与不断增修以惩罚为主的法律两点反转过来看,就可明白。但令人感到惊异的是,战乱与动荡有时竟也是传统中国社会诞生孝子的温床,比如二十四孝故事的这一则,便出现在那兵荒马乱的岁月里。

主人公江革字次翁,是两汉之际齐国临淄地方人。他从小失去了父亲,家里就他跟母亲两个人过日子。西汉末年,天下大乱,盗贼并起,江革背着母亲逃难,尝尽了各种艰难困苦,常常采野果拾野菜为食,还多次遇见强盗。有一回一伙强人不知怎么看中了他,想胁迫他一起入伙,江革急了,当下涕泪横流,苦苦哀求,说自己有位老母亲要奉养,他离开了,老母亲便没法活了。看着江革一副老实可怜的样子,那伙强人不免动了恻隐之心,便不再强求他,其中有人还教他躲避兵匪的办法,就这样江革母子俩才得以化险为夷。这以后江革辗转来到南方的下邳,穷得天天打赤脚。为了供养母亲,他又不避辛苦,天天去帮人做佣工,日积月累,那些生活必需的物品最后倒也应有尽有。

102 "孝"与中华传统

这则故事其实包含了两个在以后的历史中经常出现的行孝母题:其一是个人遭受侵犯时为了亲人的利益而委曲求全;其二是穷荒岁月里以己身之力供奉双亲。就此我们各举一例,看看这一母题所引来的下文。

比江革稍晚,东汉时代有位赵咨,字文楚,是东郡燕人。赵氏跟江革一样,也从小失去了父亲,为了供养母亲,他起先是不应州郡所举的孝廉,到延熹年间推托不过,当了博士,遇上麻烦事,又以有病为由,辞职不干。可就是这位赵咨,对母亲的孝顺真是没说的。有一回一伙盗贼在深夜来到他家抢劫,赵咨怕母亲知道了受惊吓,便披衣赶到门口,以礼相迎,还说愿意为那些来作恶的盗贼准备些吃的。他那样做的目的只有一个,便是保护自己的母亲。所以他对盗贼们的要求连盗贼也觉得出乎意料之外,他说:"老母年已八十,有疾病需要调养,而家里又穷,没有多少储备的东西,希望诸位给稍留些衣服口粮。"除此之外,妻儿物品,他竟什么也没要求给留下。这使一伙以抢劫为生的盗贼大为惭愧,也大为感叹,据说他们跪着向赵咨辞别道:"这般没样子地来冒犯,真是对贤人施暴。"说完便一起奔了出去。赵咨也有意思,还追上去要将自己家的东西给他们,结果终于没有赶上。

赵咨的举动在今天看来无疑是很有些迂的味道,但若是设身处地为遭逢类似突发事件的人们想想,生活于一个安全没太多保障的社会里的普通人,那种逆来顺受委曲求全的做法,实在也是没有办法的办法。同时,江革在强人跟前的求饶与赵咨在盗贼面前的慷慨,也反映了那些以道德规范为立身之本的人们,在对待非人道的事变时,所能采取的,往往只有道德感化的软弱防卫武器,即中国人一直推崇的"以德报怨",而那实际的结果如何,恐怕难以使人乐观——尽管江、赵二人似乎都感化了与他们自己根本不同的人。

再举一个例子，是元代末年的丘铎。丘氏字文振，祥符人。蒙古人的政权还没土崩瓦解时，他父亲是湖广路的儒学提举，大小也是个官。但战火燃起了，一家三口父、母跟丘铎便只得东奔西窜。丘氏是个孝子，战乱岁月里他担起了奉养双亲的责任，靠着卖药，让父母每天能吃上些可口的饭菜。丘氏的处境与江革十分相似，而他依靠自己的劳作供养亲人的做法也跟江革如出一辙。这种重演的行孝故事的背后，其实有着重演的战乱历史，而在那战乱的背景上诞生的如此相同的故事，又共有着一份为了个人与家人的生存而不得不付出代价的无奈。

我们觉得江革"行佣供母"故事本身有其感人之处，这一故事所包含的那两个母题以及由此而引发的历史上许多行孝事迹，从传统伦理方面讲，也有它们各自的存在价值。然而，谁也不能回避那样一个事实，即：所有这一切都与战乱兵祸和社会不安定有关，所有这一切都以一个本不合理的社会基础为前提。因此像东汉朝廷那样给江革封以"巨孝"的虚名，大肆渲染有关的行孝事迹，客观上便是回避舆论对社会动乱的谴责；而如二十四孝这般把江革抬出来做劝孝的榜样，从根本上说也是把主人公本来的无奈情绪不知不觉地歪曲成了主动的追求意识，给饱受动乱不安之苦的古人戴上了一副虚假的坚毅面具。

15　扇枕温衾：忠臣的昨天

现代作家沈从文先生的小说《边城》里，写到翠翠的爷爷不幸去世后几个人在夜里守灵时，有这么一段凄凄的文字：

……老马兵为大家唱丧堂歌取乐，用个空的量米木升子，当作小鼓，把手剥剥剥的一面敲着升底，一面悠悠的唱下去——唱二十四孝中"王祥卧冰"的事情，"黄香扇枕"的事情。

其中提到的"王祥卧冰"，我们将在下面的小节里介绍，而"黄香扇枕"——又叫"扇枕温衾"，则是这里要细述的。

故事发生在东汉时代，主人公名叫黄香，字文疆，江夏安陆人。他九岁那年便没了母亲，为此憔悴忧思，几乎熬不到丧事终结的时候，同乡人都称赞他真是个孝子。此后在家侍奉孤独的父亲，他也是勤勤恳恳，不避艰苦。家里穷，没钱雇仆人做帮手，许多事他便亲自干。他又是个细心的人，夏天酷热，临睡前总不忘拿把扇子到父亲睡的床前，将枕席扇扇凉；冬天寒冷，到晚上他便先用自己的身体把父亲的床被焐暖了，才请父亲就寝。黄香这般年纪就深明孝道，很为当地太守刘护喜欢，所以才十二岁，便被召为刘氏的

扇枕温衾　105

106 "孝"与中华传统

门徒。

《后汉书》的《文苑传》里，有黄香的传记。那传记里对黄香早年行迹的记录，除了感人的孝行之外，还特别提到他"博学经典，穷精道术，能文章"，并在当时的京都留下了一个响当当的称号："天下无双江夏黄童。"天下无双的神童后来入仕是意料中的事。黄香最初做的，是郎中的小官。以后逐渐升迁，从左丞、尚书郎到尚书令，增秩二千石。延平元年，又出任有实权的魏郡太守。他在那些职位上颇得人心，更重要的，东汉的帝王们又都很喜欢他，所以一度曾有人讥讽他过于得意。然而究其仕途顺利的原因，根本一条乃是他对汉王朝的绝对忠诚。做尚书郎之初，他便在皇帝跟前直陈政事得失。升尚书令后，被荐任东郡太守，他又上疏推辞，认为自己年纪尚轻，只要做个有职责的朝廷小吏，管管宫廷里的繁琐杂事，就很满足了。此后留任尚书令之职，他也的确尽心尽力，把公家的事当作自己家的事一样来操心。

中国古代有句谚语："忠臣必求于孝子之门。"黄香的经历正好印证了这句话。后来许多名人又用自己的实际行为为这话添注作疏，更使忠臣与孝子成了中国历史上独特的孪生兄弟。

明代的名臣方孝孺，对于当朝皇帝的忠心是出了名的。这位来自浙江宁海的博学之士，在明代第二任皇帝建文帝当朝时被召为侍讲学士，很得皇上的信任，凡遇国家大事，皇上都要征求一下他的意见。后来镇守北京的燕王朱棣发兵南下，夺取皇权，听说方氏文笔才能俱佳，便让他为自己起草登极诏书。不料方孝孺心里只有建文帝，根本不承认眼前这位永乐皇帝，当时便把笔扔在地上，一边哭着一边骂道："死就死好了，诏书我是不会来帮你起草的！"搞得朱棣勃然大怒，下令将方氏寸磔于闹市。据说方氏慨然就义,临终还赋绝命词道:"忠臣发愤兮血泪交流,以此殉君兮抑又何求!"而我们由此回溯上去,看方氏未入仕途时的作为,又发现这位后来的忠臣,年轻时也是位典型的孝子。其父方克勤,洪武年间被卷入一桩朝廷大案,判了死罪。做儿子的方孝孺不畏艰险,将亡父遗体收殓后,扶丧归葬,一路上人们见到这种尽孝之举,都很为之感动。

从黄香的故事,到方孝孺的经历,是可以显现传统中国社会孝子与忠臣往往集于一身这事实之一斑的。虽然从先秦时代的儒家开始,孝子与忠臣的关系,就被神奇地渲染为一种本乎天理的自然行为,仿佛当日的孝子必是明天的忠臣这一逻辑,如同每个人必由小孩成长为大人一般是颠扑不破的真理,但从历史的真实情况看去,孝子之所以后来成为忠臣,很大程度上是伦理道德政治化的结果。

忠与孝在某些情况下是会发生矛盾的,所谓"忠孝不能两全"便是。解决矛盾的办法,官方一般提倡的是舍孝而尽忠,由此中国历史上诞生了不少催人泪下的悲剧故事。但民间有时则反之,把孝看得比忠更重要,关于这后一种特殊的情形,我们将在后面的"弃官寻母"一节里再向读者作比较详细的述评。

16　闻雷泣墓：天若有情天亦老

"天若有情天亦老"，是唐代诗人李贺所写的《金铜仙人辞汉歌》里的句子，用作本节的标题，是想表示本则故事所显现的感情色彩的确非同寻常。

那是个诞生于三国末叶至西晋初年的故事。故事的主人公姓王名裒(póu)，字伟元，城阳营陵人。其父王仪，生前是魏国实际首脑司马昭手下的一个军事参谋，因为偶然间以言辞得罪了司马昭，便被当场拉出去斩首。王裒成年之后，痛感父亲死于非命，而对西晋朝廷怀有刻骨铭心的怨恨，所以坐时从不面向西方，以示决不做晋朝之臣。他是位知识渊博的学者，一辈子隐居，靠教书为生，对官方的多次征聘丝毫也不动心。但对父亲，则总怀着一份深切的思念，曾经在墓边建一草庐，早晚都到坟上拜跪，情到深处，则攀着松柏号啕大哭。他母亲生前很害怕天上打雷，后来母亲去世了，每到天上打雷的时候，他便急匆匆地奔到母亲的墓旁，对着坟墓安慰道："裒在此。"《诗经》里有一篇《蓼莪》，是专门抒写父母养育子女辛苦的，王裒读《诗经》，每当吟诵到这篇中的"哀哀父母，生我劬劳"几句，眼泪便夺眶而出，让人见了好不心酸，以致于后来他的学生读《诗经》，都不再读其中的《蓼莪》篇。

110 "孝"与中华传统

由于二十四孝里的这则故事反映的是王裒一生的孝行,所以根据其中不同的事例,有些版本也将这则故事取名为"诵废《蓼莪》"。题目为何其实无关宏旨,重要的是这则故事从整体上看透露了些许古代孝子们在实行"追孝"之举时的真实心理,使我们对中国人的生死观又有了一层新的理解。

照一般的理解,昔日的中国人对于他们已故的亲人是抱着一种"祭神,如神在"的心情的,前面讲到的"刻木事亲"的故事,之所以会引出悲剧性的结果,便是在于主人公丁兰确信他的木制爹娘与活着时没有什么区别,因此需要夫妻二人尽心侍奉,以讨得那似乎活着的双亲的欢心。但那在明眼人看来,不免有些痴愚。王裒是位博学之士,他对于生死的理解自不同于愚孝的丁兰,但他的那分淳厚的孝心,却与丁兰不相上下。"闻雷泣墓"故事的价值在于,它一方面详尽地记录了王裒对于亡亲的虔诚,因而从根本上说他并未摆脱"祭神,如神在"的传统,毕竟是个普通的有血有肉的中国人;另一方面,当他实行包括庐墓、闻雷泣墓、诵废《蓼莪》在内的种种哀悼行为时所表现出的超越常人的悲哀与痛苦,又反映了他作为一位头脑清醒的学者对于生死永隔、死者永远也不能复生的理智认识。如果死仅被看成是去另一个世界漫游,那么在另一个世界重逢的场景就会变成一种可以期待的东西,历代孝子那许多数不清的迷信之举,为的都是待到与亲人在另一个世界团聚时不受到非难。与此相反,如果死被意识到是一种彻底的毁灭,那么绝望的感觉便会随时随地由有关的物、事、人而引发,并由此导向极度的悲痛。王裒的所作所为介乎两者之间,充满了矛盾,也充满了无穷的想象,唯其如此,它反映的传统社会里知识阶层在"追孝"时的复杂心理,才那么生动,那么真切。

与王裒相类似的"追孝"之举在后代也可以找到一些。明代的丘铎,在前边的"行佣供母"一节里对其孝行已略有介绍。这位元末湖广儒学提举的儿子,除了以卖药的方式供养其逃难在外的双亲之外,当他母亲终于离开人世之后,与王裒同样哀痛不已。他将母亲葬在鸣凤山上,结庐墓侧,早晚奉进食物,就如同亲人在世时一样。月黑风寒的夜里,悲风萧瑟,或许是觉得在地下的母亲会因此感到孤寂害怕,丘铎便绕着坟墓呼号道:"儿子在这里!儿子在这里!"当时那山里颇多老虎,据说老虎听到丘氏的哭喊,也远远地避开了。

　　另一位叫杨敬的,也是明代人。其父亲死于战争之中,没法寻得尸体安葬,当时只得做个木主招魂归葬。也许是感到父亲亡灵未安吧,这杨敬后来读书每读到描述战争的文字,便会情不自禁地呜咽流泪,止也止不住。

　　丘氏、杨氏两位的孝行,各继承了王裒的一个方面,因此分开来说,他们的行为所能反映的"追孝"者的真实心理,均不如王裒的具有典型的意味。但两人的举止言行与王裒那么相似,即便那都不是受其直接影响所致,也可见王裒"闻雷泣墓"之举在行孝历史上的独特价值了。

　　顺便说说,王裒最终的结局也与孝颇有关联,据《晋书》记载,西晋王朝覆亡的时候,寇盗蜂起,王氏亲属都打算跟着朝廷移居江南,可王裒却丢不下安葬着父母的坟地,没有渡江而去。后来盗贼涌入乡里,他便被害身亡。王氏这种将亡亲的坟墓看得比自己生命更宝贵的举动,其实是闻雷泣墓、诵废《蓼莪》之举朝极端方向发展的结果,其思想的基础是在绝望中体味行孝的最崇高的境界。大约也是出于同样的原因,后来明代有个叫张清雅的安徽潜山人,在面临强盗企图剖开其亡父棺材的时候,竟不顾一切地扑在灵柩上放声痛哭,坚决不让。强盗当时便斫断了他的双手,张氏倒地身亡。不料紧接着张氏的小儿子张超艺又站出来,哭着愿意代父去死,强盗们又将这年仅十六岁的少年当场杀戮。血腥的屠杀一时间送走了两条人命,而换来的只是张清雅父亲灵柩的完整无缺,面对此情此景,天若有知,当作何感想?天若有情,是否也会如李贺诗歌所言,为人间的惨酷而衰老?

17　恣蚊饱血：愚儿痴行录

二十四孝故事的这一则，读罢真让人哭笑不得。

据说晋代有个名叫吴猛的小孩，是豫章人，年方八岁，事亲至孝。豫章就是今天的南昌，一个出了名的"火炉"，夏天蚊子特别多。而吴家因为穷，买不起蚊帐挂在床榻上。夏夜来临，蚊子嗡嗡地闯入吴家，吴猛睡着，却不挥扇驱赶，而任凭蚊子在自己身上七叮八咬。他的理由很奇特，说是蚊子在自己身上喝饱了血，就不会再跑去叮咬父母了。

吴猛之后，为了体现孝的宗旨而干荒唐事的，还时有出现。依然是自戕之举，有的甘愿损毁体肤。南朝有个张楚，益州梓潼人。那年他母亲得了重病，危在旦夕，急得他天天对上苍苦苦祈祷，甚至用火烧自己的手指来发誓。母亲的病以后倒的确是好了，但那是否是张楚烧自个儿手指起了作用，大可怀疑。

比张楚进一步的，则甩火烧自己的整个手掌。宋代有个太原人刘孝忠，母亲得病三年，他割大腿肉、断左乳下来煮了给母亲吃。后来他母亲又心痛得厉害，刘氏便点火在自己手掌上烧，因为他认为那样做，便可以代替母亲受痛。

相信通过自身的受难可以换取受难中的父母摆脱困境，其基

恣蚊饱血

础或许是某种迷信的感应思想。类似吴猛"恣蚊饱血"的故事从表面上看,其主人公自身均为一己的反常之举作出了似乎合逻辑的解答,但那些解答只在传统伦理范围内行得通,一旦跨出界线,在正常人的日常生活里曝光,其荒谬可笑处便昭然若揭,因为它们背离最基本的生活常识太远了。

　　自然也有些孝子的做法,不像吴猛所做的那么痴愚得一眼便可看穿。南朝齐代有个无锡人叫华宝,他父亲华豪在东晋义熙末年赴长安戍守,那时华宝才八岁。临别之际,父亲对儿子说:"等我回来,便给你举行成年的冠礼。"后来长安发生了战乱,华豪客死异乡,没再回来践约。华宝活到七十岁,便一直没举行冠礼,也不婚娶。有人不解,问他这是干吗,他也不回答,只是伤心地痛哭一整天。华氏之举在当时和后来是颇为人称道的,所以他的事迹被编进了《南齐书》的《孝义传》中。但今天我们翻开史书看到这一节,稍一细想,便觉得华宝不违父命的做法其实本质上与吴猛所做的一样痴愚,吴猛把自己的血肉之躯交付给了那本无人性的蚊子,华宝则将自己一生的幸福献给了父亲一句早已作废的嘱咐。如果人生的行孝是必然地与个人的合理生活相冲突,那么行孝一事本身的价值便有必要重新加以检讨。

　　遗憾的是自从孝的观念普及到中国基层民众的思维深处后,很少有人去对这种观念被推向极端之后是否还具起码的合理性表示怀疑。与此同时,愚孝的例子不断递增,不少人甚至为此毫无意义地奉献了自己年轻的生命。

　　明代正统末年,震惊朝野的土木堡之变发生,明英宗被北方的瓦剌军俘虏。当时河州有个出身当兵世家的周敖,闻讯放声痛哭,绝食七天之后断了气。对当朝皇帝受难所表现的这种异常举动,无异是一种彻头彻尾的愚忠。令人惊讶不已的是,如此愚忠的父亲,竟还有个愚孝的儿子。当时周敖的儿子周路还是个诸生,正在别墅读书,听说父亲绝食身亡的噩耗,便哭着奔回家里,待到家一见父亲遗体,竟不顾一切地掉头向庭院里的槐树撞去,就这样紧跟着其父命归黄泉。

　　清代雍正年间又有林长贵、林长广兄弟,是福建福清人。他们的父亲林宗正,靠晒盐为业,一次进城,走到一个名为星桥的地方,遇上海潮突然暴涨,躲避不及,溺水身亡。大儿子林长贵闻讯,奔着前去相救,但为时已晚。林长贵悲痛至极,仰天长号,竟从桥上投入水中,自愿做亡父的殉葬品。小儿子林长广跟着赶来,见父亲、哥哥都被无情的海水吞噬,便绕着海崖奔走痛哭,最后也投水自尽。

　　明清两代这几位为亡父殉死的孝子,他们的最终结局虽然与二十四孝"恣蚊饱血"故事的主人公吴猛有程度上的差异,但愚孝的性质却是同样的。发人深省的是,吴猛的行为在今天看来不过是可笑,而周路与林氏兄弟的末节则完全是可悲的了。连接着这些故事的,是一种将后代的完整生活乃至生命置于无足轻重地位的伦理道德观念,这种观念以子女对父母的尽心奉养为起点,把子女为父母殉孝作为最高境界,其间生活的常识、生命的价值等等统统都必须服从于伦理的需要,而为人之子的种种反常行为也被视为高水准的合逻辑之举而大加宣扬。人在这种怪异的伦理教条支配下,无疑是被异化了。

恣蚊饱血

18　卧冰求鲤:竭尽心智的奉献

在山东省临沂县北二十五里,有一处水域昔日以"孝感"为名,传说"卧冰求鲤"的故事,便发生在那儿。

故事的主人公王祥是东汉末西晋初时人,字休徵,籍贯山东临沂。他祖父王仁,在汉朝做过青州刺史。父亲王融,是个隐士。母亲很早故世,父亲王融续娶了个妻子朱氏,但朱氏根本没个做娘的样。就是因为朱氏多次在王融跟前说王祥的坏话,所以王祥终于失去了父亲的信任与喜爱,而每每被指派去干最下贱的活。可王祥本性纯朴,父母如何待他,他都不计较;逢到父母有病,还总是衣不解带,亲尝汤药。继母朱氏则总派给他些难办的事情,数九严寒之时,说是要吃活鱼。河面上都结冰了,哪儿找得到鱼的影子呢?王祥却有办法,赶到河中间,脱下衣服干脆卧在冰上,想以身体的热量融化坚冰。据说当时河面上的冰层忽然自动裂开,裂冰之处,还跃出两尾鲤鱼,正好让王祥带回家去孝敬那难侍候的继母。

二十四孝故事的这一则,不论就其主题还是细节来说,与我们已作过介绍的"单衣顺母""鹿乳奉亲""涌泉跃鲫"几则颇多相似之处。但就故事本身的影响而言,则上述几则都比不上它来得深刻而久远,究其原因,大概是由于故事的中心环节"卧冰求鲤"所展现

卧冰求鲤

的,是后代孝子都容易效仿并且愿意效仿的一种对父母的竭尽心智的奉献意识。

在成形的孝的观念中,对父母的奉养是为人之子实行孝道的中心。奉养自有多种层次,但最基本的便是保证使双亲吃得好、穿得好,在物质生活方面无后顾之忧。中国是个讲究吃的民族,在那样一种文化背景下,无条件地满足父母对食品的需求,而不单单是维持其温饱,便在孝的伦理中占有重要的一席。但人的口味是各自不同的,这各自不同的口味又常常会因为时间、地点与心境的不同而发生变化,面对如此纷繁复杂的现实问题,做子女的要无条件地满足父母的口食之欲,困难自然不会少。王祥"卧冰求鲤"的故事就此为后代的行孝者提供了一个范例,那便是只要竭尽心智地为父母奉献一切,则坚冰也会自动化解。也许正是在这种信念的支持下,后代才会有那么多为了满足父母的口食之欲而心甘情愿地奔波操劳的人。

南朝陈代有位名叫张昭的,字德明,是吴郡人。其父张僙,有个毛病,就是常常感到口渴,而总想弄点鲜鱼来尝尝。张昭于是便亲自织网打鱼,捕得水鲜来供养父亲。后来父母相继去世,他痛心得不得了,服了六年的丧,瞎了一只眼,人也瘦得仅剩一把骨头,连亲友们见了都认不出他来。

元代有个王闰,是东平须城人。他父亲是个阔佬,到老了还不甘淡薄,每顿必要有鱼肉才动筷子。做儿子的王闰也不含糊,虽没像张昭那么去结网捕鱼,却每天早晚都赶到集市上去采购鱼肉,回来做给他那贪食的父亲吃。据说王父脾气乖戾,本是个极难侍候的人,可王闰凭着一股子逆来顺受、事事无违的忍耐劲,还硬是让父亲日日开心。

但有时父母的要求也出格得很,弄得孝顺儿女不得安宁。清代有个卢必升,浙江山阴人。九岁那年,他父亲卢芳得病,病中忽然异想天开,想吃炙煮的蟛蜞。卢必升年龄虽小,可对父亲极有孝心,当下便挟起一只箩筐,赶到江畔沙地上寻找蟛蜞。正找着,忽然江潮汹涌而来,差点把他给淹死,就在这般危难的关头,卢必升还是紧抓着装蟛蜞的箩筐不放。不知那卧病在床的卢芳闻此消息,当作何感想?

也是在清代的浙江,有个鄞县人姓李名景濂,字亦周,对继母尽孝,有求必应。李氏从小没了生母,父亲再娶了位何氏,不久自己便亡故了。当时何氏还很年轻,李氏又小,媒人想逼何氏改嫁,事为李景濂得知,便等候在半道上,拿个椎子朝那媒人突然袭击,然后跑回家里告诉何氏。母子俩为此抱头痛哭,发誓一定终身相依为命。何氏虽为继母,但对李氏管教还是挺严的;李氏对继母,也侍奉得甚为周到。何氏喜欢吃乳酪,李氏便天天赶到集市里去访求,待找到时,又像捧个什么宝贝似地急急往回赶,双手张着,如同鸟儿展翅。开始集市上的人觉得好奇怪,待问明白个中缘由,便都赞叹李氏真是孝顺,以后再见他那副急匆匆的样子,就都主动为他让道。

即便是父母的口食之欲甚为无理,做孝子的也大都不表示些许怨言,有时甚至以鼓励父母实现无理欲望的方式体现尽孝的本分。清代云南有个叫姜瑢的,家境本来就不宽裕,他父亲姜文柄又是个贪杯之人,时间一长,家里便更穷了。做父亲的到末路时节还算清醒,下决心从此戒酒。不料做儿子的姜瑢却看不下去,命令自己的儿子跪着求爷爷姜文柄继续喝酒。而他自己,则第二天便带着儿子进山砍樵,换得钱后又买酒回家,一起劝姜文柄痛痛快快喝

卧冰求鲤 121

几盅。尽孝竟尽到了如此份上,也真唯有让人叹息了。

  与如上种种为了满足父母的食欲而竭尽心智地奉献一切的孝行相对照,史书上也有极个别反其道而行之的记录。南朝秣陵地方有个叫朱绪的,母亲病了多年,有一回忽然想吃茭白做的羹,朱绪的妻子便到集市上去买了茭白,回来做成羹,正要送去给朱母吃,一旁的朱绪却道:"得了病哪还能吃。"说着便先尝了一口,尝后大约觉得滋味不错,紧接着便将整碗羹都给吃了。卧病在床的朱母见此情形,顿时大怒,咒道:"我生病想吃这羹,你怎么忍心就将它统统吃光?老天若有知,一定要让你噎死。"据说朱绪听母亲这么一咒,心中自是不痛快,不久便吐血,到第二天竟一命呜呼。朱氏因违背了母亲的欲望而得报应是否如上述那么迅速,虽还有点让人起疑心,但这一故事的结局,却正好跟"卧冰求鲤"的结局组成一双相反而相成的对子,用作劝孝的范例是再合适不过了。

19　扼虎救亲:人・兽・情

虎在今天的中国已成了濒临灭绝的珍稀动物,但直到清代,虎患却一直是严重威胁历朝百姓生命的一大祸害。这不用以别的事例来证明,单看历史上杀虎救亲的故事之多,便可知晓。

最早敢于面对那凶猛的野兽而毫不示弱的,是晋代一位十四岁的女孩,名叫杨香。杨香是山东人,农人杨丰的女儿。那天她跟着父亲到田间去割稻子,才走到半路上,突然跃出一只大老虎,把他父亲咬住了便往回跑。当时小杨香手无寸铁,可她临危不惧,一心只想着被老虎拖走的父亲,而把自己的生死置之度外。她拼命奔上去,抓着老虎的脖子便往死里掐。那老虎起初自是用力反扑,可杨香硬是不放手。渐渐地,威风凛凛的老虎元气大泄,磨着牙齿,终于断了气。而杨香那魂飞胆破的父亲,由此总算脱险生还。

杨香打虎的故事,在被二十四孝的编者收入故事集后,名闻遐迩。小女孩面对猛兽所表现的勇气与胆量,时时激励着或许会遇上同样危难的后代孝顺儿女。至于那些果然与猛虎相遇的人们,则各有其上乘的表现。

南朝梁代,宣城的宛陵有一位女子,晚上跟母亲睡在一张床上,忽然间一只老虎跳进来,咬住了母亲。性命攸关之时,睡在一

124　"孝"与中华传统

旁的女儿奋起斗虎,她一面大喊,一面用双手狠抓虎身,致使那吃人的野兽身上毛发尽落。这老虎大约也有些害怕了,便叼着那位母亲夺路而逃,跑了十几里地,才扔下半死不活之人。那位女儿一直跟着,待老虎放下其母后,又将母亲抱回家中。可是不幸得很,那位莫名其妙便身遭横祸的母亲,才回到家不久,便咽了气。

女人如此,男人自然更是不畏凶残。元代有个王初应,漳州长泰人。至大四年二月的一天,王氏随父亲王义士到一座名叫刘岭山的大山里去砍樵,毫无防备之时,丛棘中跃出一只大老虎,扑向王义士,当场抓伤了其右肩。王初应见此情形,奋不顾身地冲上前去解救父亲。他抽出随身所带的镰刀,用尽全力朝老虎的鼻子上刺去,终于将恶虎杀死,保全了父亲的性命。后来到泰定二年,也是在王氏所在的长泰县,有个名叫施合德的,其父施真祐有一天去田地耕耘,不知道从哪儿窜来一只老虎,将他扑倒在田间。这时做儿子的施合德跟他堂弟施发仔便拿着斧子急速赶来解救,最后虎死父生,干得与王初应同样漂亮。

大人这般,小孩也照样身手不凡。明代大同广昌地方有个叫谢定住的孩子,十二岁那年,家里的一条牛走丢了。母亲很是着急,便抱着小儿子赶出去寻找,定住则跟在母亲身后。也不知他们娘儿三个走到了什么冷僻之处,冷不防路边跃出一虎,咬住了做母亲的。后边的谢定住一瞧情况不好,便扑上来朝老虎身上猛揍。那虎似乎无心恋战,放下谢母顾自跑开了。谢定住便赶忙抱起弟弟,扶起母亲朝家转。不料才走得几步,狡猾的老虎趁人不备,又转回身奔上来,一口咬住了谢母的脖子。定住自是全力救母,再次朝老虎猛打,那老虎因此不得不再度放弃吞食谢母的念头,离开谢家三口。这样一家人又走了一段路,那老虎还是不死心,又赶上来啮咬谢母的脚,定住这回可恼了,捡起地上的石头朝那几次三番攻击母亲的野兽砸去,老虎这才最终作罢,不再来打搅,而谢家母子三人也才得以平安抵家。谢定住小小年纪便与当年的杨香一样有非凡之举,自然很受时人的赞赏。到永乐十二年,连皇帝也兴致勃勃地召见了这位打虎小英雄,赐给他十石米、二百锭钞作为奖励。

以杨香打虎救亲为起始的这一系列惊心动魄的故事,出现于旧时的各种史书时,都是作为行孝的榜样来宣传的。但在今天看来,面对猛兽害人这类突发事件同行者能够临危不惧,更主要的恐怕还是说明了人性终能战胜兽性的普遍规律。当事人之所以敢于与猛虎搏击,自然怀有一份对受害者的同情与挚爱,即使当时遭到猛虎袭击的不是自己的父母,那些有良知有胆量的人们,依然会奋不顾身前去解救。

孝的伦理与杀虎相关联的事例自然还是有的,但不是在解救危难之时,而是在亲人被虎所害之后。清代便产生过一个很奇特的杀虎祭父故事。主人公任四,是甘肃渭源的一个农民。那年任家从渭源迁居狄道,任四的父亲被虎所害。任四因此练习打鸟枪的技术,发誓要杀一百只老虎来为父报仇。他的枪法在苦练之下自是百发百中,老虎遇上了,难得有逃生之时。不久他打虎出了名,邻近县乡有虎患,也都请他去捕杀,每次总有收获。后来任四老了,算了一下已杀死了九十九只老虎,就差一只便满百,便再度入山等候老虎的来临。那回也不知怎么搞的,老虎不来也罢,一来便是一大群。任四枪都来不及发,差点成了老虎们的佳肴。一会儿乌云四起,老虎自动散去。任四回到家里,到父亲的牌位前祭奠一过,大约是对往昔的所作所为略有感悟,就召来子孙,告诫他们不要再把老虎视作仇人,然后自己便无疾而终。任四这种杀虎报父仇的极端做法,其实是古代中国常见的为亲属复仇之举的一个变种,它的思想基础倒的确是孝的伦理观念。只是用人间的伦理标准去规范本无人伦可言的野兽,并为此付出自己的毕生精力,终究有些迂顽不化。因此任四虎虽然杀了不少,但作为一个心智完整的人来说,却比不上杨香诸人那么让人敬重与佩服。

20　哭竹生笋：本无感应的故事

有关"孝感"的故事，二十四孝的编者已经说了不少：最初是大象、飞鸟赶来帮虞舜耕作，接着有甘泉、鲤鱼冒出来为姜诗夫妇助兴，后来又是两尾鲤鱼跳上冰面替王祥解围，到这里又讲了一则"哭竹生笋"。

这自然又是奇而又奇的故事。故事的主人公是三国时代的吴国人，姓孟名宗，字公武。据说他小时候便死了父亲，后来母亲老了，又犯了大病。那年冬天非常寒冷，生病的老母忽然动了食欲，想吃笋煮的羹汤。大冷天哪儿去找新生的竹笋呢？做儿子的孟宗一时不知所措，心里又急，便跑到竹林里，抱着那无声的竹子痛哭流涕。这一哭据说倒发生了奇迹，一会儿竹林的地下，数茎新笋破土而出，使孟宗大为惊喜。他当即割下那些"孝笋"，拿回家去做了笋羹，送到生病的老母跟前。老母亲喝了这冬天的笋羹，病竟立刻痊愈了。

这则"哭竹生笋"的神奇故事，最早出自一本名叫《楚国先贤传》的书，那本书的内容在南朝宋代的裴松之为《三国志》作注时便曾引用过，可见其撰写的时代还是比较早的。不过在《楚国先贤传》里，孟宗并未抱着竹子大哭，而仅是进竹林哀叹了一番，然后竹

哭竹生笋

笋便冒了尖。可见所谓的"哭竹生笋",已经是后来的好事者加工修饰的产物了。

但即便是《楚国先贤传》的记录,由于它的结局过于玄妙,其真实性依然大可怀疑。在《三国志·吴书·孙皓传》的注里,引到了一条出自一部比较严肃的史书《吴录》的材料,使我们对于孟宗的生平有了比较详实的了解。

据《吴录》说,孟宗字恭武,江夏人。后来因为避吴国皇帝孙皓的字讳(孙皓字元宗),改名为孟仁。他小时候曾经跟南阳一位著名的学者李肃念书,去李氏学堂时,他母亲特意缝了条又厚又大的棉被,让他带去。有人见了很纳闷,问这是干吗,孟母回答说:"小孩子家没德行,现在要住到人家里,老师又穷,所以带条大被子去,或许能跟先生气类相通吧。"孟宗去了李家,倒也真的不负母亲的厚望,读书非常刻苦,李肃见了,很是惊叹,对他说:"你有当宰相的才。"后来孟宗入仕了,做骠骑将军朱据的军中小吏,带着母亲一起住在兵营里,很不得志,加上居住条件甚糟,外面下雨屋里就漏水,有一天晚上当雨水滴滴嗒嗒地漏进屋里时,孟宗起身,想想这般情形实在对不住自己的母亲,眼泪便也和着雨水流了下来。孟母倒是位明白人,当时便劝儿子道:"只要再努力一番就行了,何必哭呢?"渐渐地孟宗的上司朱据也发现自己的部下是位有才能的人,便提拔孟宗做专管鱼塘的监池司马。孟宗人在监池司马的职位上,心却想着母亲,为此他亲自编织鱼网,得空便去捕鱼,然后将鱼做成腌鱼、糟鱼之类,送给母亲食用。孟母却不领儿子的情,把东西原封不动地还给孟宗,并教训道:"你是管鱼塘的官,却拿着鱼制食品送给我,怎么也不懂得避避嫌疑。"这以后孟宗又升做吴地的县令,当时官方规定所有官员均不得带家口赴任,孟母因此未能跟儿子一起走。孟宗却孝心不变,还是时常将手头有的时鲜货寄回家里,让母亲享用。最后孟母故世了,孟宗闻讯,大概过于激动,犯了朝廷的禁令,还被革去官职,差点判为死罪。

从《吴录》的记载看,孟宗是个标准的孝子,那是确定无疑的,但那番纯孝之心并没有创造出"哭竹生笋"之类的奇迹;孟宗同时也是个胆大的人物,为了对自己的母亲尽一番孝心,竟敢于假公济私,监守自盗,幸好他母亲明鉴,才没有走得更远;他被罩上易哭的面具看来是有些缘由的,因为早在入仕之初,面对漏雨的破屋,他便流过伤心无奈的眼泪。

相比之下,据说也是发生在孟宗身上的那则"哭竹生笋"故事,则显得虚假而做作。人的感情在那里被简单概念化了,本来就缺乏有效依据的"孝感",又因为过于直截了当,过于容易实现,而失去了其仅存的一点诱人魅力。如果说二十四孝里的大部分故事都或多或少地带有些不真的成分,那么这则"哭竹生笋",就最为不真实。

然而也许是因为传统中国社会里普通老百姓的知识水准普遍都比较低,比较容易接受"孝感"之类的说教,所以除了二十四孝故事之外,那些同样以道德宣传为目的的孝行故事里,类似"哭竹生笋"的谎话还特别多。《清史稿》的《孝义传》里说,有个叫王麟瑞的福建南靖人,是位诸生。八岁那年死了亲生母亲,此后侍奉继母,就像是对待自己的亲娘一样。那年盛夏继母中了暑,想吃些梅子,可当时已过了梅子成熟的时节。王麟瑞为了继母,便跑出去绕着一株梅树狂喊,又连着三天不吃饭,这样到最后那天的晚上,据说梅树还真的开花结果。于是王麟瑞便摘下梅子,奉献给母亲;而母亲吃了那一夜之间结出来的梅子,居然很快就恢复了健康。这其中主人公所用之力虽比"哭竹生笋"里的孟宗稍多了几分,但结局的虚假却与二十四孝故事里最不真实的那一则完全一样。

21　尝粪忧心：医学之外的解释

南北朝时期的文坛上，有一位以写《哀江南赋》而名传大江南北的文学家庾信，是南阳新野人。他的一位伯父名叫庾黔娄，则因对父亲尽孝而流芳后世。二十四孝故事的这一则"尝粪忧心"，讲的便是庾信这位伯父的一段轶事。

庾黔娄字子贞，从小喜欢读书，而读得最多的，据说是《五经》里的那部《孝经》。后来他做官了，政绩也挺不错。南齐永元初年，他被派到一个叫孱陵的地方去做县令。到县还不足十天，有一日忽然觉得心惊肉跳，浑身流汗，想想大概是家里出什么事了，当即便辞官回了家。果然不出所料，居家的父亲庾易两天前刚得了痢疾。家人见庾黔娄这当口忽然归来，自是十分惊喜。黔娄却顾不上那么多，只向给父亲治病的郎中打听病情如何。郎中回道："想知道令尊大人患病的程度，只要尝尝他的粪便是甜还是苦就清楚了。若是苦的，那就没什么大问题。"黔娄一听这话，马上就去取父亲的粪便来尝味，尝下来感到其味又甜又滑，当时便更加忧心忡忡。一时想不出很好的解救办法，到了晚上，他便面向北极星所在的方向，给老天爷磕头作揖，哀求上苍拿他自己的生命去换回父亲的健康。

134 "孝"与中华传统

这段轶事里的某些情节，我们是似曾相识的：庾父得病，远在屠陵的庾黔娄心惊肉跳、浑身出汗，这与前述的"啮指心痛"故事颇为相像。又因为轶事的末尾讲到了黔娄朝北极星磕头作揖，而北极星又与北斗相关联，所以这个故事在其他一些版本的二十四孝中也被题作"礼斗祈代"。不过就其影响而论，则"尝粪"之举自然是最令人难忘的了。

因为难忘，所以学着做的人也不少。隋代有个叫田翼的，母亲得的是跟庾黔娄父亲同样的病——痢疾，田氏认为是由中毒引起的，便不顾自身安危，亲自去尝母亲的粪便。后来母亲死了，他过于悲痛，一口气没接上，便跟着母亲走了。

元代又有三位：尹莘、卜胜荣和杜佑。尹氏是汴梁洧川人，父亲尹辅臣不幸染上瘟疫，危在旦夕。尹莘为此衣不解带，亲尝汤药，还时常亲口去尝父亲粪便的味道，以此判断父亲病情的深浅。他的做法跟庾黔娄如出一辙，到晚上也祷告上天，说："莘母亡不能见，父病不能治，为人子若此，何以自立于世，愿死以代父命。"据说后来他父亲的病还真的痊愈了。

卜胜荣是高邮人，他母亲也患痢疾，用药治疗似乎无效，卜氏心急如焚，就天天用尝母亲粪便的办法，来祈求母亲病愈。

杜佑是邳州人，他的故事则完全是庾黔娄的翻版：当时杜氏在三叉口做水马提领的小吏，父亲杜成在家得病，据说杜佑也忽然感到心惊，遍体沾汗，当即弃职还家。杜成这时刚得病三天，于是杜佑便向神祈祷，而后又亲自尝父亲粪便的味道来检验病情的轻重。

这类"尝粪"之举发展到清代，还颇受当时人推崇。清初有个江西广昌人何复汉，十五岁时便没了爹，长大后待老娘特别孝顺。他娘有一回得病，何复汉便照着那古已有之的老办法，亲口尝粪来

尝粪忧心

推测老娘病情深浅;为了服侍病母,据说他几个月都没解衣带。同时又有位刘宗洙,是湖北襄城人,他爹犯病时,他为之尝粪,由此还获得了奇特的称号:"襄城尝粪孝子"。

通过测验粪便之味的方法求证患痢疾者的病因以及病情轻重,本是民间的一种医疗方式,此种方式的科学性如何,应当由医学专家来评说。二十四孝故事的编者将庾黔娄"尝粪忧心"一事标举出来,以后的史家又把类似的例子记录在案,其目的自然也不是因为那些"尝粪"之举具有医学上的意义,而在于那些独特的行为颇有道德宣传的价值。透过那种宣传的方式,我们发现"尝粪"之举又可以从中国人的善恶观念的角度,作一种新的解释。

善与恶,是伦理学中一对涵盖面很广的范畴,它代表了特定时代特定道德体系里价值观念的两极。通俗一点说,善就是在一定道德标准下的那些正义、合理的行为与思想,而恶则相反地是谬误、悖理的行为与思想。孝的观念由于其合乎传统的伦理道德标准,所以在传统中国社会里自然归属善的范围。但中国古人的思想带有一种重同一不重分别的特点。因此观念化的东西与物质化的东西有时在名词上是不加区别的。以"恶"这个字而论,从观念形态上讲它自然表示一切非正义不合理之事,但它同时也表示一些具体的污秽的事物,比如粪便,古人也称"恶","尝粪"因此有时也叫"尝恶"。由于伦理范畴的外沿被扩充了,所以本来并无道德价值的医疗方式也沾染上了道德的色彩,"尝粪"或者叫"尝恶"之举,在一个重视伦理纲常的文化环境里,由此很容易被视为是某种至善行为,这种至善行为以对"恶"的超越为前提,把亲身受"恶"的折磨当作达到至善境界的一条重要途径,因而它较之普通的与恶水火不相容的善行更崇高,作为道德宣传的榜样也更有震撼人心的效果。所以庾黔娄的那则轶事,便被二十四孝故事的编者一眼看中,而入了这部孝行大观。

22　乳姑不怠:为人之妇的职责

这是一则读来让人易生疑惑的故事。

据说唐代有个名叫崔山南的,他曾祖母长孙夫人在世的时候,祖母唐夫人——也就是长孙夫人的儿媳——对婆婆特别孝顺。当时长孙夫人年纪已经很大,牙齿也落光了,唐夫人每天伺候婆婆起床,替她梳头,为她洗脸,扶她升堂。这样做还不够,因为婆婆没了牙齿不能自己咀嚼饭菜,唐夫人便用自己的乳汁喂养她。这样坚持了数年,长孙夫人的身体被照顾得十分好。后来有一天长孙夫人忽然得了病,一病就无药可救,临终前,她把一家大小都召来,当众道:"我没机会来报效儿媳的大恩了,希望你们这些孙媳妇也能像我的儿媳一样,孝敬自己的婆婆。"

故事的情节自然生动感人,为了婆婆的长寿,竟奉献出自己的乳汁。不过隐约之间,这位孝顺儿媳唐夫人似乎是正有着一位待哺乳的婴儿的,否则她不至于有那般充沛的乳汁。那么我们不免要担心起来:在故事里没有露面的唐夫人自己的婴孩,是靠什么哺育的呢?

我们的担心其实是多余的,因为在宋代林同的《孝诗》里,有这则故事的原型——

乳姑不怠

> 唐崔氏妇,事姑孝。姑病,召长幼言:"吾无以报妇,但愿妇子孙皆若妇孝。"

接下来的五言绝句诗云:"姑今病且死,颇愧妇恩深。但愿妇有子,皆如妇用心。"可见最初的史料记载,只说崔氏妇对婆婆很孝顺,并没有什么"乳姑不怠"的壮举,因而也就没有什么待哺乳的婴儿。

但故事被添油加醋到让人起疑惑的地步,却不单是编者考虑欠周的结果,而是有更重要的理由在,那便是传统中国社会对女子尽孝的特别要求。

古代中国对女子有所谓"三从四德"的道德教条,"三从"是幼从父兄、出嫁从夫、夫死从子;"四德"则谓妇德、妇言、妇容、妇功。由行孝的角度而言,"三从"里的幼从父兄、出嫁从夫自然而然地便衍化为女子尽孝的双重责任,即对自己父母的孝和对公公婆婆的孝;而一个女子的言行是否合乎"四德"的标准,一个重要的检测方法便是看她能否完成这双重的孝的责任。正是因为怀有这双重责任里的前一重,汉代的缇萦会毅然上书朝廷,愿意代父受刑;也正是因为怀有这双重责任里的后一重,更多的女子出嫁之后,甘愿为丈夫的父母辛勤劳作,甚至割肉相奉。

汉代有个陈孝妇,十六岁那年出嫁,还没得一男半女,丈夫就要戍边远行。临行前,丈夫对她说:"我此去生死未卜,老母年高,又无兄弟,若是我回不来了,你肯奉养我母亲么?"陈孝妇没有多说一个字,但应曰:"诺。"后来丈夫果然客死他乡,没再回来,陈氏便竭心尽力奉养婆婆,从无倦怠的时候。她婆婆是个急性子,稍不如意,就会对她打骂交加。陈氏却总是曲意奉承,从无怨色,反而更加敬爱婆婆。平时陈氏靠纺织为生,与婆婆俩相依为命。但她毕竟还年轻,又没有孩子,所以她自己的父母便打算让她改嫁。没想到陈氏却回答说:"丈夫离开时,嘱咐我供养老母。我既然答应了,怎么敢背信弃义。如果一定要我改嫁,那我就去死!"这可把她父母给吓坏了,从此不敢再劝她嫁人。就这样在陈孝妇的悉心照料下,婆婆活到了八十多岁才归天。为了安葬婆婆,陈氏又变卖了所有的家产,并按照习俗礼仪祭祀亡灵。虽然后来因为淮阳太守上朝向皇帝报告了陈氏的孝行,官家为此赏赐了陈氏一些黄金,但陈氏的青春,却早已随着婆婆的亡灵给葬送掉了。

明代的邓氏,所作则又让人亦喜亦悲。邓氏的丈夫全州诸生唐俨,是位典型的孝子,父亲唐荫得重病时,他年方十二,为了尽做儿子的责任,偷偷地割了块手臂肉煮了给父亲吃,父亲的病果然好了。后来唐俨长大了,娶了邓氏,自己到外地游学,母亲在家得了病,邓氏那年才十八岁,一时无其他办法,便自语道:"我是个妇道人家,哪里懂什么医药。从前丈夫拿自己的手臂肉治疗公公的疾病,我为什么不能用同样的办法来治婆婆的病呢?"于是便割了片自己的胁肉奉献给婆婆,婆婆的病也果真痊愈了。游学在外的唐俨此时得知母亲生病,快马加鞭转回家里,待进得家门,则母亲病愈已经多时了。得知妻子的所作所为,唐俨不免有些心疼,他拜谢了贤妻,道:"这是我分内的事,你应当急速找我回家,何必让自己受这份苦。"邓氏却回道:"子事父,妇事姑,道理是一样的。当时情况危急,找你哪来得及?再说什么事都要等儿子来做,那要我这个儿媳干嘛。"这话自然让唐俨感到欣慰,也让后来的读者觉得邓氏的确贤惠,但为了尽做儿媳的职责,竟要割自己的肉下来,那惨酷的事实,又不免让人感到一种莫名的悲哀。

也许我们现在已经可以明白,为什么二十四孝崔氏儿媳的故事里,会出现"乳姑不怠"的虚假情节,因为假故事的背后,既有真实的道德教条与现实背景,也有代代不息更令人难以置信的孝妇尽孝实例。

23　弃官寻母：非关功名的远行

"送君无一物，清江饮君马。路穿慈竹林，父老拜马下。"这是宋代大诗人苏东坡写的一组小诗里的一首。组诗是送给一位即将赴四川做官的朋友的，这位朋友后来为了寻找自己离散多年的母亲，又把官给辞了。那故事多年之后被二十四孝的编者采用，就是下面这则"弃官寻母"。

苏东坡的那位朋友姓朱，名寿昌，字康叔，是扬州天长人。他生母刘氏，是父亲朱巽的小妾，在家时很受嫡母的嫉妒，后来终于被找了个借口赶出朱家，那年朱寿昌才七岁。此后五十年间，朱氏母子音讯阻隔，一直未能团聚。这五十年里，朱寿昌也曾多次外出打听母亲的下落，还用佛教方法以火灼背烧顶，刺血书写佛经，凡是力所能及的，都试过了，可就是没结果。这样到了宋神宗熙宁初年，他在广德军任职的时候，有一天忽然辞去官职，回来跟家人告别，发誓说："不见到母亲，我就不回来了。"然后就去了陕西。这回也真是功夫不负有心人，找到同州时，果然发现了他离散五十年的亲生母亲刘氏。刘氏这时已经七十多岁，嫁给当地一位姓党的多年，儿子也有好几个，朱寿昌却毫不在意，将母亲及其党氏兄弟都接回了家。

朱寿昌故事的主题，乃是中国人十分熟悉的离散与团聚。这

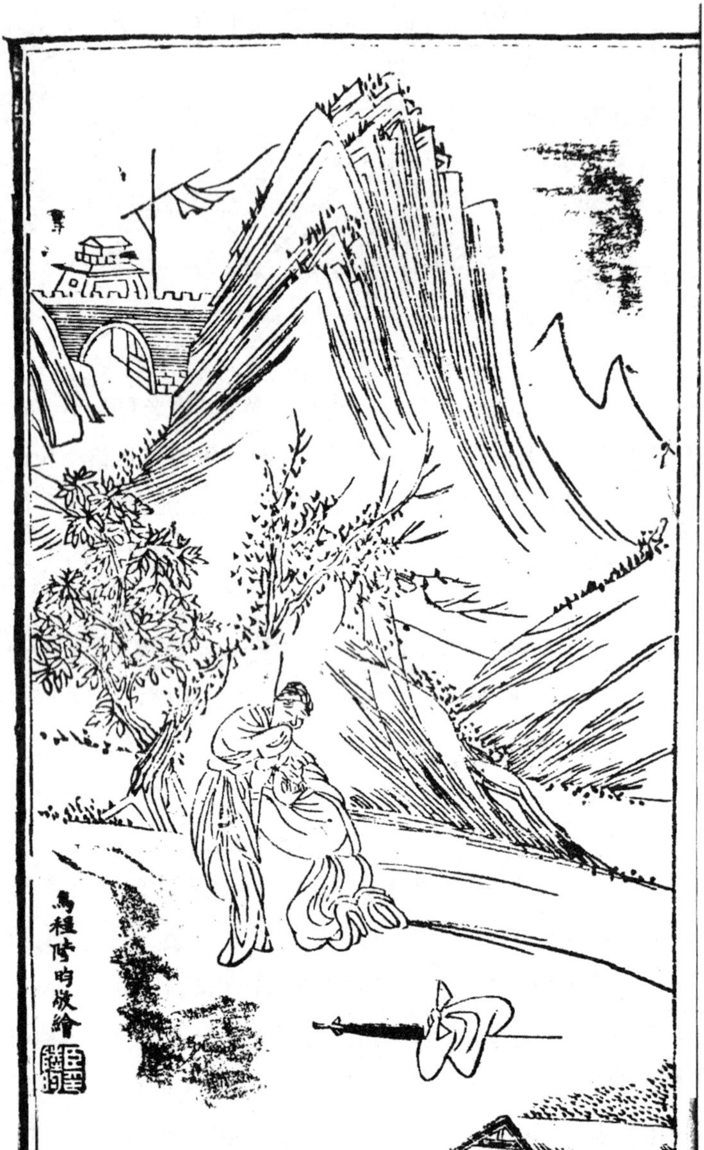
烏程陸昀敬繪

一主题从表层意义上讲,反映了有血缘之亲的人们之间确实存在着一种无法割舍的情意,这种情意完全有可能使十年八载、千山万水等等时空的距离在双方的脚下缩短消失。因此从历史上看,朱寿昌多方寻母不是个单独的例子,而是意料中的事情。

明代有个名叫赵重华的云南人,也是在七岁那年,父亲赵廷瑞浪迹江湖,一去不返。赵重华成人后,便去官府拜见郡守,请给开个外出的通行证,并专门在通行证的背面写上"万里寻亲"四个字。他又找了几千张纸,一一写上父亲的年纪,相貌和籍贯,每到一处便贴一张这种寻父启事。后来他西至武当山,经过太子岩,见岩背隐约有一行字:"嘉靖四十四年十二月十二日,赵廷瑞朝山至此。"不禁大为激动,说:"父亲果然来过此地,今天我来的月份和日子又恰好相同,看来是相逢有望了。"接着便跟着父亲的那行题字写道:"万历六年十二月十二日,赵廷瑞之子重华,寻父至此。"如此又过了许多时候,最后终于在无锡的南禅寺里找到了那位忘了回家的父亲赵廷瑞。父子重逢时,儿子拿出背面写着"万里寻亲"的官府通行证给父亲看,两人都痛哭失声。

清代又有位沈仁业,字振先,是江苏吴县人。他父亲早年在越南经商,娶了位越南姑娘做妻子,又在当地生下了沈仁业。沈仁业在越南长到八岁,跟父亲回了中国,而他的母亲因为是外国人,照清代的惯例是不能来中国的,母子俩从此天各一方。沈仁业自然一直很想念母亲,后来父亲去世了,他便请人画了幅父亲的肖像,带着它渡海前往越南省亲。当时越南正在打仗,沈仁业的母亲带着留在越南的小儿子、小女儿逃难到山中,七天七夜都没东西吃。也真是天无绝人之路,就在这危急关头,正好沈仁业寻母路过此山,母子于是得以团聚。沈仁业就此在越南住了两年,当地有个敬

弃官寻母

佩他孝行的朋友为他准备了一艘回中国的海船,他便带着母亲渡海回国。半道上不料遇上飓风,船触礁倾覆。沈仁业抱着母亲在海上漂流了一阵,最后大难不死,来到琼州。当地关吏照例不允许仁业的越南籍母亲入境,仁业则流着眼泪苦苦请求,可关吏就是不动心。这样又过了数日,有位年长的吏员说康熙年间好像有类似的情况,最后外国人被允许入境,说罢便翻阅了一通文件档案,找出了当时处理的记录,沈仁业这才最终带着母亲和弟妹回到了家乡。

但朱寿昌的故事从深一层的意义上看,其中所反映的离散与团聚,又不单是联系着亲情,更关联着传统社会里中国人在忠与孝发生矛盾时所作的选择。说得更明确一点,朱寿昌"弃官寻母",虽然从目的方面讲是恪守了为人之子的孝道;但从手段方面看,却有悖于为人之臣的忠心。这与古代中国出现忠孝矛盾时,官方一贯倡导的"忠孝不能两全",为尽忠而舍孝的原则是背道而驰的。也许二十四孝故事的编者忽略了这一故事本身具有的这重矛盾,但它的存在,却正好为我们提供了一份传统伦理道德内部自相冲突的记录。

朱寿昌在这一冲突中所作的选择是毫不迟疑的——至少史书上并未记载他为由此不能替朝廷尽忠而感到内疚,可见他虽身为官僚,尚不失其赤子之心。但在以后的历史上,愿意并且敢于像朱氏那样做的人却寥若晨星。翻遍各种史书的《孝友传》,我们仅在《清史稿》里找到一位浙江嘉善人郁衷,当他的父亲大理寺丞郁之章因罪发配尚阳堡时,他跑到朝廷申诉,表示愿意弃官代父远行。但远行最后并未成行,因为当朝天子康熙皇帝觉得郁氏是位难得的孝子,便传一道圣旨,将郁氏父子一起释放了;后来郁氏又当上了江西永丰县的知县,做完了孝子接着做忠臣,倒也用不到作那般矛盾的选择了。

24　涤亲溺器：一件小事　一种象征

　　这是二十四孝故事的最后一则，说的是发生在一位大人物身上的一件小事。

　　这位大人物姓黄名庭坚，字鲁直，号山谷，江西分宁人，乃北宋著名的文学家和书法家。他的诗讲究"无一字无来历"，又独创"夺胎换骨，点铁成金"的玄妙之论；他的书法侧险奇倔，自成一家，后来还很有些追随者。他自然也当官，自从治平年间考取进士之后，最初做叶县县尉的低职。熙宁初年，到北京国子监得了份差事。尔后任太和知县。到宋哲宗当朝时，又被召为校书郎、《神宗实录》检讨官。才过了一年，又升任著作佐郎，外加集贤校理的官衔。在京城做到这般官职，也不算太小了。可黄庭坚这时虽然声名显贵，对自己的母亲却一如既往，孝顺异常。据说每到晚上，黄母用过的便桶，黄庭坚都要亲自荡涤一过，而从不假手于他人。

　　中国人向来很崇奉一句格言，就是"于细微处见精神"。黄庭坚"涤亲溺器"，这事情虽小，但在传统中国社会里，它的影响力却甚大，其可以诱导更多的人从身边的小事做起，来完成尽孝的崇高使命。史学家们也认同此观点，所以有关的孝子传记里，琐细的孝行俯拾皆是。

148　"孝"与中华传统

北朝有个叫田翼的,母亲卧病一年有余,吃拉都在床上,田氏就亲自为母亲换衣换床单。南朝梁代的庾沙弥,母亲刘氏患病,要用针灸治疗,为了以防万一,庾氏便让郎中在他自己身上先试一遍。这两位堪称黄庭坚之举的先驱。

　　黄庭坚的后继者也大有人在。清代有位谢君泽,是江苏武进人。他父亲谢祜曾,是个出名的孝子,对母亲孝顺得不得了。孝子之子谢君泽耳濡目染,成人之后也是个标准的孝子。有一次遭逢寇乱,谢祜曾的牙齿豁落了,没法吃饭,做儿子的谢君泽就嚼碎了米食喂给父亲吃。同时又有个胡其爱,是江南桐城人,以替人做帮工奉养母亲。他母亲是个驼背,生活自理有困难,胡其爱早晚总伺候在一旁,照顾着母亲的饮食起居。因为白天要去给人帮工,除了早餐之外,午饭不能回家吃,他便准备好生米,请邻居大妈代做给母亲吃,每次拜托别人,都千恩万谢;邻居大妈觉得他太客气了,便劝止了他,可胡氏走出数里之外,又会转身遥拜。每天晚上回到家,他又忙着替母亲洗内衣,倒便桶。还时常将帮工那户人家送的肉食带回家,让母亲享用。外头来演戏,他便背着母亲去观赏,戏完了,他又披星戴月地背着母亲回来。

　　反观本章各节所介绍的二十四孝故事本身,除了"孝感动天"之类的神话、"扼虎救亲"那样的突发事变和"弃官寻母"那般不凡的壮举之外,大多数故事讲的,其实也是些小事:从"亲尝汤药"的俗情到"单衣顺母"的选择,从"为亲负米"的义举到"戏彩娱亲"的尽心,从"拾椹供亲"的周到到"尝粪忧心"的细致,从"怀桔遗亲"的天真到"恣蚊饱血"的愚痴,凡此种种,无不是小情小景小孝行,而其力图反映的,则是大仁大义大道德。

　　从这个角度去看以黄庭坚"涤亲溺器"为尾声的二十四孝故

涤亲溺器　149

事,编者之所以选那么些故事的动机是不言自明的:故事本身的大小并不重要,重要的是它们背后的象征意义。以"涤亲溺器"这一则来说,事情本身孤立地看并无惊人之处,但联系黄庭坚那样一位著名的大人物,则小事情背后的大意义便凸显了出来:任何一个中国人,不论他的职位高低如何,只要他对父母尽孝,而这种尽孝又是不计大事小事的,那么这个人在道德上便会获得崇高的声誉;有了这种声誉,那么无论他是入仕还是隐居,安身立命的根基便有了。

第四章

对二十四孝的四种阐释

1　伦理学的阐释：纲常支柱下的人性纠葛

在我们见过的所有二十四孝刊本里，刊印者的表现不外两种：或是隐姓埋名，不发表个人意见，让"事实"说话；或是大张旗鼓，写前序作后跋，充分展示一己的倾向性。但两者的基本态度是一样的，那便是对二十四位孝子的所作所为十分赞赏，希望后人加以效仿。个中原因说来也很简单，只因那二十四则或悲苦或温情的孝行故事背后，紧挨着传统中国社会伦理道德的八大支柱——三纲五常。

"三纲""五常"的概念，是西汉的董仲舒博士最早提出来的，它们分别见于董氏的一部哲学专著《春秋繁露》和一道举贤良的对策。"三纲"说的是君为臣纲，父为子纲，夫为妻纲；纲是鱼网上的总绳索，纲举目张，所以三纲的意思便是君主、父亲、丈夫分别是臣下、儿子、妻子的统治者。"五常"指的是仁、义、礼、智、信，这五种行为在儒家看来是一个人日常生活中最基本的行为，所以名为五常。三纲五常的名目诞生后，受到了历代统治者的大力推崇，以至于后来它在绝大多数传统社会里的中国人看来，就像是逻辑学中的公理，毋须求证，却总是对的；人生的依托，也全靠这八根看它不见、摸它不着的大柱子。

以二十四孝而论，故事主人公的大部分言行，都与三纲五常紧密相连：汉文帝"亲尝汤药"，其目的主要大概也就是给臣下们做个样板；丁兰"刻木事亲"，将不敬偶像的妻子立即休弃，可见丈夫对妻子的权威有多大；至于"父为子纲"，这一纲本来就是孝的同义词，二十四孝说到底每一则都是它的生动写照。五常的影响也比比皆是。孔子曰："克己复礼为仁。"二十四孝中闵子骞不顾自己受冻，"单衣顺母"，可谓深得先生"仁"学的精髓；以后朱寿昌"弃官寻母"，将亲情置于功名之上，这高义薄云的壮举，又为五常的第二种添加了新注；蔡顺在兵荒马乱之际，靠采食桑椹过活，还懂得分别生熟，以熟椹奉母，这细微的举动，不包含着礼教的深厚影响么？陆绩年方六岁，作客他家，就知道带几个桔子回去给母亲吃，那份有趣的童心里，不又蕴藏了一份智慧？就以董永"卖身葬父"来说，事情本身是够冷酷的了，但董永在安葬亡父后依然遵守诺言，前往债主家帮工，他之所以如此，想来也就是为人讲信用的道德观念在起作用吧。

也许就单个的事例来讲，我们应当承认二十四孝故事中某些主人公在三纲五常支配下的所作所为，依然带有人性意味，能给人一点温暖。但从总体上说，在三纲五常背景下产生的这二十四则孝行故事，更多显现的，却是人性的被压抑与人生的严酷。当姜诗的妻子顶风冒雨去为婆婆担江水时，她的行为的确是合乎"夫为妻纲"教条的，但有谁为这位贤惠的女子考虑过她承受的物质与精神的双重重压？当老莱子装做个婴儿摇着拨浪鼓时，他自己也深信此举跟"父为子纲"毫无矛盾，但就在这似乎无矛盾的举动里，他本人的理性却被扭曲了，人性异化了。"仁"的解释是"克己复礼"，但王祥的"克己"，要以冬天脱了衣服卧在冰上为代价，生命在与孝道的较量中竟要毫无意义地被击落下场,这难道就合理么?吴猛大热天任蚊子叮咬,为的是使蚊子少咬父母,即使这痴愚的举动在道义上有理由,又何必要当作榜样去宣传?丁兰的"刻木事亲",自然是忠实于"死,……祭之以礼"的孝道古训,然而结果酿成了家庭悲剧,这礼就实在过于苛刻了。唐夫人用自己的乳汁供养无齿的婆婆,那做法固然新奇而充满智慧,但如果她是放弃了自己的幼儿不喂养或再找别人去喂养,那么所谓"乳姑不怠"就毫无价值可言,自然也不是什么明智之举。最后,郯子因为母亲想喝鹿乳便披张鹿皮入了深山,这"无违"的孝行背后支撑的,既有"义"的自觉,也有"信"的理念;但我们试问:如果他母亲想喝虎乳、狮子乳,郯子又该如何实现他的"信"与"义"呢?

因此从伦理学的角度讲,以道德宣传为目的的二十四孝故事,所宣传的一套理论用人道的原则去衡量,在相当程度上可以说是值得商榷的。三纲五常教给孝子们的,是把上一辈的是非标准乃至喜怒哀乐种种情绪当作自己的生活标准与情绪,孝子们自己的生活是否合理,全视父母的好恶而定;由此反过来,孝子们的日常生活,在相当长的一段时间内,也就理所当然地要依赖上一辈的帮助。结果个人的创造意识没有了,人的独立性也消失了,本是为了人们和谐幸福地生活而产生的社会道德,这时反成了个人生活的最终目的。

2　社会学的阐释：家族均衡间的人文景观

二十四孝故事也可从社会学的角度作一番阐释。

循着绵延不绝的孝子行踪，我们发现，二十四孝主人公在家庭中的地位是非常微妙的。其中有的可以说是很低，像"孝感动天"的虞舜，被瞎眼的父亲逼得几乎走投无路；"单衣顺母"的闵子骞，为了不让同父异母的弟弟挨冻，甘愿放弃自己正常生活的权利。也有的似乎很高，如"为母埋儿"的郭巨，一句话便能叫自己的亲生骨肉下地狱；"涌泉跃鲤"的姜诗，不乐意时就可让妻子离开家——但他们的下面，总有一个地位很低的家人作垫底，如郭巨的三岁小儿，姜诗的贤惠妻子。还有些则地位视情形而定，如老莱子年已七十，按理在家中也是个长辈，有较高的地位，但他自愿降格，把自己扮成个毫无地位可言的小孩；董永孤身一人，本是很自由的，但为了安葬亡父，他将自身出卖，使本来自由独立的地位，演变成了双重的附庸——既是活人的帮工，又是死者的偿债人。如此种种在家庭中地位不同情状的个人，都受着孝的伦理道德观念的支配，而从社会学方面看去，其所为又无一不是传统中国社会家族的利益高于个人利益这一基本原则的生动反映。

众所周知，古代中国人的人生理想是"修身、齐家、治国、平天下"。但其中"齐家"的"家",并不是我们今天理解的以夫妻为主体的小家庭,而是包括了父辈、祖辈以及兄弟姐妹在内的家族。在古人看来,通过自身的修养,能身处一个成员复杂的家族里而很好地处理人际关系,那么治理国家也就有了基本的资格。治国、平天下对大多数人而言自然是个高远的梦想,但由修身而齐家,则是可以实践的。关键是把自己看作是家族机器中的一个螺丝钉,时刻明确应处的地位;说得更明白一些,就是切记在长辈跟前自己是个小辈,而在小辈跟前自己又是个长辈。二十四孝里的许多主人公没有权利概念,只有义务概念,或为了某种更高的义务而对妻儿行使一己的权利,根源大都在此。

但家族既然不是单由夫妇作主的小家庭,恰当地处理其中复杂的人际关系就不是件容易的事。如果强调生活逻辑的合理性,那么任何人都可能因犯错误而处于窘境。传统中国社会是个农耕社会,老人或者长辈的经验有举足轻重的地位,然而如果在家庭生活中出现老人或者长辈也可能犯错误的情形,那么由经验而带来的长者的尊严便会因为长者本身的矛盾而受到挑战,这种挑战如果朝纵深发展,很可能会导致整个社会出现无序状态。为了避免这种可怕的灾难发生,"齐家"的首要任务便是要努力保持家族处于一种均衡的状态。就传统中国社会而言,均衡的最有效手段便是长幼有序、父慈子孝;而对于每一个个人而言,孝又是可以培养,并会立竿见影的。

为了保持家族的均衡状态而行孝,在许多情况下要付出很大的代价,既有精神上的,也有物质上的,这我们从二十四孝故事已可以看到。王祥"卧冰求鲤",冒的是生命危险;庾黔娄"尝粪忧心",尝的是尽孝的苦涩。但付出这种代价,换来的是家族的平衡发展,比如

社会学的阐释

后母的欢心,病母的康复等等,其结果从最通俗的意义上讲,对重视家族生命的古代中国人说来,似乎没有比它更可宝贵的了。

　　从更宽泛的意义来看,花代价保持家族的均衡状态,这种一时的付出在以后还有机会得到回报。"乳姑不怠"一则里唐夫人为了延续婆婆长孙夫人的生命,用自己的乳汁相喂养,使长孙夫人感激不尽,临终召儿孙们训话,唯一希望的就是孙媳妇也能像儿媳那么孝敬婆婆。依照传统中国社会的习俗惯例,长孙夫人的这一遗愿多半不会落空,唐夫人做婆婆之后,照例也会得到自己儿媳的悉心奉养——只要不发生意外的情况。因为保持家族均衡在中国是一个延续的动态过程,每个人在这一过程中自身利益的获取,是靠预付一定的代价的方式来实现的。这一方式的长处在于,它既保证了家族的整体利益,最后又没有欠每个人一份人情。唯一不足的是它要求人们将自己的一生分割为两个截然不同的阶段,前一阶段无条件地付出,为此受苦受难也在所不惜;后一阶段则心安理得地接受,而不必考虑别人为自己付出时花了什么样的代价。如果一个人的一生只过了前一阶段就中止了,那是他没福,活该受罪;如果一个人到了第二阶段还没有得到相应的回报,那么整个家族与社会便会替他起诉,而起诉的对象,多半是他的子女儿孙。

　　也许我们至此已经可以明白,为什么二十四孝故事里的许多主人公那么逆来顺受,为什么他们如此甘心于遭难历险,当这些创造出或悲苦或温情故事的人们踏上人生旅途的时候,他们的心中早已有了一个明确的目标——努力保持家族的均衡状态,而这一目标的背面,却大字书写着一行民间谚语:"善有善报,恶有恶报。不是不报,时候未到。"

3　史学的阐释：穷荒岁月里的人生境遇

　　读罢二十四孝，我们会发现大部分故事的主人公都有一个特点：穷，或者曾经很穷。董永"卖身葬父"，是因为穷得买不起一口安葬亡亲的棺材；郭巨"为母埋儿"，是由于穷得孙子夺了老祖母的口粮；吴猛甘愿"恣蚊饱血"，这愚孝之举背后包含了一个极其简单的事实：家里穷，买不起蚊帐；黄香辛勤地为父亲"扇枕温衾"，也只因为家里穷，雇不起奴仆来服侍亲人；江革"行佣供母"，那是兵荒马乱时候穷得无奈，而不得不干的营生；蔡顺"拾椹供亲"，又是逃难旅途上穷得发慌，自然而然作出的选择；即便是"闻雷泣墓"的王裒，虽然身为学者，早年由于家境贫寒，而常亲自下田耕作；"哭竹生笋"的孟宗，在做军中小吏时，望着滴嗒漏雨的破屋，也曾为穷得不能使母亲过安稳日子而流泪。除此之外，据说是"孝感动天"的虞舜、"啮指心痛"的曾参，还有"卧冰求鲤"的王祥，"涌泉跃鲤"的姜诗，他们或要亲自耕田、打柴，或不得不跑去替母亲抓鱼、担水，想来那生活也不会富裕，而很可能多少与穷沾着边。穷就像是孝子们的影子，你走到哪儿，它跟到哪儿；穷又像是条缠人的毒蛇，使那些仅怀揣着软弱的道德信条的孝子们疲于应付，挥它不去，赶它不开。

贫穷本是个经济问题，与伦理道德没有什么直接的关联。然而由二十四孝故事，我们却看到了一种奇异的现象：经济上的穷与伦理上的孝，就仿佛是水跟鱼，紧密地连在了一块儿。这该如何解释呢？

似乎并不能用纯粹的经济学理论去说明它，因为贫富差异今天依然是人类的一大现实问题，但那与孝或不孝并无什么联系；也无法用伦理学观点去解答它，因为任何一种伦理体系在其终点都关注于人的道德处境，而无暇顾及他们口袋里有多少钱。答案只能到二十四孝故事产生的那个社会现实中去找，用史学的方法，来剖析穷跟孝之间存在的那种仿佛是必然的联系。

稍加归纳，我们可以发现，二十四孝故事里那些与穷沾边的孝子们，他们的生活年代大致集中在三个特殊的历史时期：东周、东汉和西晋。曾参、闵子骞、子路都是孔子的学生，他们生活于东周时代，是可以肯定的；董永、郭巨、姜诗、蔡顺、江革、黄香都是东汉人，史有明文记载；而王裒、王祥、吴猛行孝之时均在西晋，又可据史料推得。东周、东汉和西晋这三个历史时期共同的特点，简单地说，就是天灾人祸频繁，生产力水平低下或破坏严重，人们的生活很不稳定。东周时代包括春秋、战国两个阶段，前一阶段相对说来生产力水平比较低，而后一阶段从名称便可知是个兵荒马乱的岁月；东汉尤其是东汉后期，朝廷的争斗与民间的农民起事不断，整个社会显现出一种无序的状态；西晋则从诞生那天起，就时不时地受北方少数民族的侵扰，最后王朝不得不避难江东。这三个特殊的历史时期，经济发展极不稳定，有时甚至呈现倒退的局面，因此生活于当时的普通百姓，便与贫穷结下了不解之缘。驱逐贫穷在那样一种历史条件下几乎等于天方夜谭，无力与命运抗争的人们比较现实的办法只有接受贫穷的现实，在这范围之内依靠自己的力量维持自身与家人最低的生存需要。而作为传统伦理道德重要原则的孝，在那样一些特殊的时期便起到了一种特殊的作用。

我们都知道，传统中国社会是一个以农业为本的低水准的社会，在政局稳定的情况下，老人的经验，加上后生的力气，可以保证所有勤劳而本分的人过上虽不富裕但能温饱的生活。但若逢上天灾人祸，原有的稳定与平衡被打破了，穷困的日子便接踵而来。在那样的特殊情况下，下层的绝大多数人要想生存下去，上层的少数人要想将政权维持下去，伦理道德的影响与规范就显得十分重要。孝作为传统中国社会里被特别看重的一种伦理规范，对下层的人们说来，这时就是一部在大环境混乱的条件下创造较有次序小环境的《救荒本草》，用它的处方虽不能治本，却略可治标，也就是说，能努力维护那些已丧失劳动能力的老人有活下去的正当权利，维护家庭成员不致因穷困而互相敌视乃至残杀；而对上层人物，孝这时就意味着《太平经》里的"却邪法"与"却灾法"，借此可以抵挡一阵自己身下宝座的愈来愈烈的震颤，让那些尚未卷入到铤而走险人潮里的顺民以最大的忍耐力，替自己创造一份心理上的稳定与平静——东汉时期那么重视"举孝廉"，部分原因也就在于此。

因此从史学的角度去看二十四孝，其中的许多故事反映的并非是传统伦理道德的感召力如何大，而是传统中国社会的一些特殊的历史阶段里，普通人的日常生活如何艰辛。这艰辛连接着往昔低下的生产力水平，也连接着长期不稳定的专制王朝。

4　文学的阐释：世情宝鉴中的人心折射

　　二十四孝故事在传统中国社会里无疑是一种伦理道德教科书，但它的教化功用的实现，靠的却是二十四则孝行故事的文学性。因此换一个角度看，二十四孝故事也是一部文学作品——当然，是通俗文学，不是纯文学。

　　就此我们不妨举一些理由。

　　首先是故事的形象性。二十四孝里的那二十四位主人公，出现在各则故事中时都有各自性格上的特点：或聪慧，如"怀桔遗亲"的陆绩；或愚痴，如"恣蚊饱血"的吴猛；或天真，如"扇枕温衾"的黄香；或作态，如"戏彩娱亲"的老莱子。虽然这些个性特征都有史料方面的依据，但选择这些有特色的人做故事的主人公，便说明了编者的文学意识。

　　其次是故事表现出编者丰富的想象力。一个比较典型的例子，便是将史书上明确记载着的东汉蔡顺"啮指心痛"的故事，移植到了以孝而闻名又无具体孝行记录的曾参身上；又因为蔡氏"闻雷泣墓"一节与王裒所为相同，所以尽管事情也见于史书，为了避免重复，二十四孝里派给蔡顺做的，是一桩查无实据的"拾椹供亲"。这种编排上的细致与巧妙，从根本上说是编者富于想象力的表现。

而想象力,乃是文学创作的主要动力。

再就是故事多次采用了夸张的手法描绘人物行为。孟宗"哭竹生笋",在较早的史料里只是进竹林"哀叹"了一番,到二十四孝才被渲染成痛哭流涕。鲁迅先生曾对"戏彩娱亲"一则的原始材料与故事作过比较研究,结果发现南朝师觉授《孝子传》记载的,不过是老莱子"上堂脚跌,恐伤父母之心,僵仆为婴儿啼",那所谓有意让自己跌一跤,让父母取乐的说法,实在是二十四孝编者的夸张。这类夸张手法用得高明与否我们暂置不论,采用这种手法这一事实本身,则使故事带上了浓厚的文学色彩。

既然已经有理由证明是文学作品,那么对二十四孝故事从文学上作一种阐释,就是顺理成章的事。这种阐释可以分层次进行,首先我们去看看故事的虚与实、真与假。

文学尤其是通俗文学,编故事是一个十分重要的环节。既然是编,就有虚的东西、假的内容;但编出来又要让人信,又必须有实的逻辑、真的感情。这是文学的常识,稍有这方面修养的人都明白。二十四孝是编给俗人看的故事书,目的是劝导大众行孝,而行孝又是实实在在的事情,所以从大的方面讲,故事必须有实的背景、真的人物,唯其如此,受劝的凡夫俗子才会相信人间曾有过那样的人那样的事,值得去仿效去继承,这便是二十四孝故事的二十四位主人公个个身分明确,名见史传的原因。但历史上,从帝王到平民的孝子们,虽然有合乎孝道的行为,那行为却并非桩桩都大有可观,对人有吸引力,毕竟人生平凡的时候比奇迹诞生的时候要多得多,因而从小的方面说,故事要能抓住人心,就须有些添油加醋的东西,乃至凭空编造的东西。这方面二十四孝故事的编者做得并不十分高明,以致时常露出马脚来,但好在旧时读者的文化水平大都不高,容易哄骗,故事倒也因了那些虚幻不实之词而传遍天下。

我们的阐释还可以从另一个层次去进行,那便是故事背后所包含的隐喻意义。在上一章里,我们已经多次提到,孝行故事的真实与否,细节的可靠与否,在二十四孝编者看来都是无关紧要的,重要的是故事所体现的象征意义。这种象征,我们可以确认,它主要是以隐喻的方式来表现的。大部分二十四孝刊本,文字叙述都不甚多,寥寥数语,将本事说毕就完了,并没有更多的评论。这时要实现故事的教化作用,故事里的细节与道具是否含有隐喻,便在很大程度上左右着故事为读者接受的深度。汉语和汉字,是颇有意味的语言交流工具,它深刻地影响了中国人的思维方式。中国古人从很早的时候起,就讲究文史著作中的"微言大义",而至今普通的百姓,也还懂得听话有时要注意那"弦外之音"。二十四孝故事的编者很熟悉国人的这种特殊的思维方式,所以挑选的孝行故事,不是圣徒背米,便是女孩打虎;故事中间,又常常出现数九严寒卧于冰上,大热天睡着任蚊子叮咬等等骇人的细节,这种将褒扬之人之事推向极端的做法,实际上是要读者透过现象看本质,透过奇异的故事发现背后的隐喻。聪明人由此会恍然大悟:原来孝是要从点滴小事做起,是要不畏艰险,满怀诚意的。由此二十四孝的教化目的,便在不言而喻中达到了。

需要指出的是,不论是从虚实、真假对照层面,还是从隐喻的层面去考察二十四孝故事,这种文学的阐释有一个基本的前提,那便是二十四孝故事的编者洞察世情,二十四孝故事本身虽非历史的实录,却是世道人心的生动折射。这种对世情的洞察与对世道人心的折射,反过来又影响到后人。明清两代及以后二十四孝故事越来越盛行,便生动地折射出当时的世道人心,是怎样地热衷于传统的伦理道德;而二十四孝读本紧随时代潮流一再通俗化,一再转换某些故事的重点,又显现出传统中国社会里的宣传家们,对世情具有何等敏锐的洞察力。

附录
从孝子图、孝义图到二十四孝图[*]

1　最初的孝子图

把孝的理念图像化,在中国有悠久的历史。而其中最引人注目的,就是很早即出现了表彰行孝者的孝子图。现在能看到的,文献和考古发现上最早的孝子图,是非常有名的山东武梁祠的汉代画像石。一部分画像石上有各种各样的历史故事,现在所见的这一块,顶层上是西王母,当中的第三排,就是著名的闵子骞的故事。

闵子骞是孔子弟子,母亲很早去世,后母又养了三个儿子,对他很不好,冬天只给他芦花做的衣服。一次,父亲让他驾车,他瑟瑟发抖,父亲才知道情况,便要休掉他的继母。闵子骞恳求父亲说,如果后母在,不过是我一个人受苦,如果您休了她,那么弟弟们就都没妈了。

汉代之所以会在这类大型的纪念性的碑刻上出现孝子的身影,主要的原因,是从汉武帝时代儒家作为立国的基本方针以来,"孝"作为儒家价值核心的组成部分,也是非常被推崇的。例如,以

---

[*] 本文据本书作者2007年4月20日在上海美术馆所作讲座《二十四孝图的变迁》录音整理。

山东武梁祠汉代画像石

"举孝廉"这样的道德标准作为官员的选拔制度,也就是从汉武帝时开始的。到东汉,这样的制度更加发达。

除了汉代,重要的早期孝子图,还有北魏时期的两个。一是宁懋石室,里面有一个不清晰的图像。根据研究,当中部分就是后来被称作《天仙配》的著名爱情故事的主人公董永。董永在父亲死去之后,因为贫穷,无法为父亲下葬,便卖自身为佣工,筹集殡葬所需的钱款。传说后来他得到七仙女的帮助,才完成了这一伟大的孝行。另外一个是北魏石棺,外面镌刻了孝孙原谷图,图中两人一前一后抬着一个担架,上面坐着一个骨瘦如柴的老头。故事讲的是原谷年迈的祖父身体非常孱弱,生活不能自理,原谷的父亲就想把他扔掉。原谷哭泣着对父亲哀求,希望能留下爷爷,父亲还是不肯,用担架把祖父抬走了。原谷也跟着去了,在回来时把担架捡了回来。父亲问他为什么把这不祥之物拿回来,他答道:"等您老了,还可以再用啊!"父亲因此幡然悔悟。

2　早期的二十四孝义图

现在所见,从汉到魏晋南北朝时期的孝子图,基本上是比较零星的,或者和其他的历史故事汇集在一起,其中所绘的孝子数量并不多。能与后代"二十四孝"的孝子故事集联系起来的图像,是从宋代开始的。

在二十四孝图的发展历史上,宋代是非常重要的时期。洛阳发现的北宋张君墓里,有一个很大的石棺,现在收藏在洛阳关林的石刻博物馆里。这个石棺的左右两侧刻了许多孝子的图,其中的主人公分别是大舜、曾参、郯子、闵子骞、老莱子、陆绩、董永、丁兰、孟宗、郭巨、姜诗、王祥、蔡顺、杨香、田真、元觉、曹娥、鲁义姑、韩伯

洛阳北宋张君墓石棺

瑜、赵孝宗、刘明达、王武子、鲍山、刘殷,算下来正好是二十四个人。

这个石棺上的图很重要,因为它和后来的"二十四孝"非常有关系。我们现在给它取的名字,叫"宋代二十四孝义图"。因为里面不只有孝子故事,还有讲"义"的故事。这样一种形式,在后来的辽、金,甚至到元代,都非常流行。从文献记载和考古发现看,宋以前的孝子图基本都是画像石和镌刻的图像,辽、金、元则大量出现了二十四孝义的壁画和雕塑。壁画除了普通的单张单人的形式以外,还出现了全体视角的,就是把所有人物表现在一张长卷式的画面上的形式。雕塑早期是比较浅的浮雕,金代出现了现在通称的圆雕,立体感已经很强了。

下面就各举一点例子,按照辽、金、元的时代,看看沿着宋代二十四孝义的轨迹,这一阶段出现了怎样的行孝的画面。

1979年,在北京门头沟发现了一个辽代壁画墓,其中有一幅大场面综合性的壁画,它是以一簇簇的树为界限,把二十四孝义故事里的很多则都画进去了。在壁画左边,是原谷的故事,其中"谷"字错写成"觉"字。壁画的右侧为丁兰的故事,名为"刻木事亲",说的是丁兰结婚后父母双亡,他非常思念父母,刻了木主供起来,每天祭拜。丁兰年轻的妻子感到不耐烦,就用针刺雕像,竟刺出血来。丁兰发现后大怒,把妻子赶出家门。壁画里表现的,是丁兰对着木主祭拜的样子。

后世发现的金代二十四孝义壁画非常多。1983年在山西长治县石哲发现了金代壁画墓,这个墓的壁画比较粗糙,但上面已经出现了"榜题",即画的名称。

现在看到的这张画上,右边站着一个人,旁边有一头大象,后面有树,树上有一些飞鸟。画上有题款,是一个"舜"字。舜是二十四孝故事中地位最高的角色。他的行孝故事的主题,在后来发展

北京门头沟辽代壁画墓
元觉（谷）故事，"刻木事亲"

为两个,一个是"大舜耕田",一个是"孝感动天"。故事讲的是舜在当皇帝之前,家庭困苦,父亲很凶,家中还有继母,所以他经常自己耕田。因为他是神异性的人物,耕田时能找大象来帮忙,飞鸟也来助阵,所以耕得又快又好。所谓"孝感动天",就是他任劳任怨,对父母无怨无悔,耕田时也能得到上苍的帮助。

长治金墓壁画中还描绘了曾参的故事。曾参和前面讲的闵子骞一样,也是孔子非常有名的弟子。这个故事讲的是,曾参小时候家里穷,经常要出去打柴。一天,他母亲在他外出打柴时思念难耐,就咬自己的手指,竟咬出血来。此时,在遥远的地方砍柴的曾参忽然感到心痛,便飞奔回家。壁画里描绘的就是曾参跑回来的场面。

同样在山西,还有一些壁画,从绘画设计的角度讲,比前面的那些要高明一点。20世纪60年代,在山西闻喜发现一批金代壁画墓,其中的一号墓里出现了二十四孝义图。里面有一张画的是蔡顺的故事。蔡顺是汉末人,小时家境贫穷,经常挖野菜,找桑葚——就是桑树的果实。桑葚比较生的时候,是红色的;待成熟了,就变黑了。蔡顺很细心,找桑葚时把黑果子放一个篮子,留给母亲;红果子则另外放一个篮子,给自己。有一次,碰到了强盗。强盗很奇怪他用两个篮子装桑葚,究明原委后大为感动,竟送他三斗米和一只牛腿。现在的这幅画上,画的是强盗对他进行恐吓的场面;而后来更多的图像,是画强盗送他牛腿和米的场景。

这个壁画中也出现了董永的故事。图像非常清晰,图的上方有驾着层云的七仙女,下面是仰望的董永。这个图像是个标准的pose,以后关于董永的图像都是从这里发展而来的。此前所画的董永图像,主要还是葬父的内容,而从这时开始的图像,就影响到后来《天仙配》的情节了。

金代仿木建筑与孝子故事

山西长治县石哲金代壁画墓
舜子故事

从孝子图、孝义图到二十四孝图　173

山西闻喜金代壁画墓
蔡顺故事

山西闻喜金代壁画墓
董永,郭巨

这个图的旁边，还画了和董永知名度一样大的郭巨。郭巨的故事，说的是因为家中食物不够，郭巨的儿子和母亲发生了争食吃的事情。于是郭巨夫妇决定将儿子活埋，以保证母亲口粮。他们夫妇在为儿子掘墓的过程中发现了黄金，结局是皆大欢喜。这个故事被鲁迅点名批评过，认为它完全没有人性。

1998 年在山西沁县发现的圆形金代砖雕墓，也非常有意思。在这个墓的当中，出现了很多圆雕的二十四孝义人物，塑造了完全立体的孝义形象。在中部的小龛里，就是一个个的二十四孝义雕刻，在龛背面，用墨书题写了二十四孝义的题名。其中有"王相"，实际应为"王祥"。王祥是晋代真实的人物，他的故事，在二十四孝里被认为是最著名的。这个故事里也有继母。在二十四孝故事中，继母很多，这一定程度上说明"孝"的问题，与家庭内部复杂的人际关系有关。王祥的故事，讲的是他的继母非常喜欢吃鱼，而且一年四季都想吃，但是在冬天冰封的时候，鱼是很难弄到的。王祥的办法，是脱光衣服躺在冰上，用他有限的温度去化冰。这是个高难度的动作，如果温度过高，自己就掉下去了，而据说他做得恰到好处，使得冰开裂，而人又不至于掉下去。正在这时，冰下跳出了鲤鱼，他就顺势收上，献给继母。这就是"王祥卧冰"的故事。这个圆雕中的图形，是一个侧卧裸体的王祥，旁边还有一个看热闹的人，这个 pose 也是一个经典 pose，在河南出土的一个宋代砖雕墓里已经有了。这个姿势，后来成为在二十四孝图中辨别王祥的一个标识。

在山西沁县的这个金代砖雕墓中，还有两个非常重要的故事，一个的榜题是"武子为婆割股"，这个故事只在宋、辽、金、元有，后来的二十四孝故事中是看不到的。这个故事的主人公其实是王武

山西沁县金代砖雕墓

山西沁县金代砖雕墓
王祥故事

子的太太。王武子长年在外打工,太太在家里照顾婆婆。有一次,婆婆生病了,医生说只有吃人肉才能治好,她便毫不犹豫把腿上的肉割下来给婆婆吃。据说婆婆的病真的好了。另一个故事在后来也不大看到,就是"明达卖子"。讲的是刘明达在逃难途中,发生了儿子与母亲争食的事情,他就毫不犹豫地把儿子卖了。

在当时出现这样的故事,不是偶然的,说明在宋辽金时期,道德对人的控制越来越严。这种情况在元代还是非常普遍。

元代的壁画墓里有二十四孝义的,比较有特色的是2004年公布、2002年发现的河北涿州壁画墓。这个墓的壁画从画法上说,非常值得注意的是,把完整的二十四孝义故事画在一个大图上,设计上也较精巧。前面讲过北京门头沟辽墓壁画,是用树来作孝子故事图的分割,画法还比较古板,到这个图,用的是画山的办法。山有一些曲折回环,在回环处组织进一个个的二十四孝故事。

这些故事中比较重要的一个是田真,讲的是三兄弟开始不合,家中的荆树就枯死了,后来兄弟和好,树就开花了。这个故事并不是孝的故事,而是义的故事。这个图的右下方画的,则是姜诗的故事。这个故事和王祥的差不多,也是母亲喜欢吃鱼,姜诗就到处去找,后来感动上天,从自家后院的井里跳出很大的鱼。图上最下面的部分是郭巨的故事。类似的大型的孝义故事合在一起的图画,在元代是一个终结。到元末明初,在南方出现了一种新的形式。

3　元代郭居敬的《全相二十四孝诗选》及其明代的修改版

元代末年,福建人郭居敬编了一种新的"二十四孝",名为《全

武子为婆割股　　　　　　　明达卖子

河北涿州元代壁画墓
田真,姜诗,郭巨

从孝子图、孝义图到二十四孝图

河北涿州元代壁画墓
二十四孝义故事

相二十四孝诗选》。此书对北宋以来二十四孝义故事的名目作了修改,保留了原本里的十五位孝子,更换了其余的九个。书中舍去了一些不是孝的故事,添进了新的故事。我们来对比一下宋、元两代的二十四孝图中出现的人物:

宋 二十四孝义故事	元 郭居敬《全相二十四孝诗选》	宋 二十四孝义故事	元 郭居敬《全相二十四孝诗选》
大舜	大舜	蔡顺	蔡顺
曾参	曾参	杨香	杨香
郯子	郯子	田真	田真
闵子骞	闵子骞	元觉	汉文帝
老莱子	老莱子	曹娥	黄山谷
陆绩	陆绩	鲁义姑	朱寿昌
董永	董永	韩伯瑜	庾黔娄
丁兰	丁兰	赵孝宗	唐夫人
孟宗	孟宗	刘明达	吴猛
郭巨	郭巨	王武子	王衮
姜诗	姜诗	鲍山	黄香
王祥	王祥	刘殷	张孝、张礼

从表中我们看到,郭居敬把宋代二十四孝义故事中一些特别残酷的去掉了,比如刘明达、王武子。另外一些在孝的问题上比较复杂的故事,也被去掉。例如原谷,虽然原谷对祖父可以称孝,但他的行为等于指责父亲的不孝,这从中国人的逻辑上说本身也算

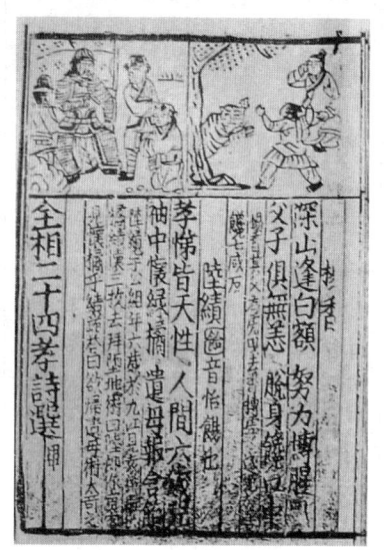

元代郭居敬编《全相二十四孝诗选》明初刻本

不孝。相应地,郭居敬新加入一些著名人物,如汉文帝,身为帝王,仍在母亲生病时亲尝汤药。还有著名诗人黄山谷(庭坚),他当了大官后,还经常回家为母亲倒马桶。大人物能做小事,所以他们也被列入。郭居敬的《全相二十四孝诗选》与以往的二十四孝图不同的地方,还在于它把原来主要是口传的故事,改造成了既有诗歌又有说明文字和图像的宣传品。

例如明初刊本《全相二十四孝诗选》的这一叶上,是陆绩的故事。上面是一首五言诗,说的是东汉末年的陆绩,随父亲陆康到九江太守袁术家做客,偷偷地把桌上的橘子藏在怀里,大人发现后问他原因,他说要带回家给母亲。陆绩的故事宋以前就有了,但是用这种诗、故事、配图相结合的形式,在《全相二十四孝诗选》之前是没有的。这样的书出现后,影响力大大地超过了前代含义比较混杂的图像,流行面也大大增加了。

值得注意的是,在明代,二十四孝故事主要不是刻画在墓葬中,而是作为人间的宣传品即带插图的书而流播。15世纪中叶至16世纪,也就是明代的万历年间,还出现了"日记故事体"的二十四孝图。日记故事在明代是一种非常普通的大众读物,但原书在国内现存不多了。这种书在日本曾经大量翻刻,现在看到的日本江户时代翻刻的《日记故事大全》,基本由两个部分组成,前一部分就是二十四孝故事,后一部分是日常的忠孝节义故事。所谓"日记",是指每天都要记住一个故事。这种书对郭居敬的《二十四孝诗选》又作出了一些修正,成为我们现在经常看到的二十四孝图的雏形。《日记故事大全》中,二十四孝图人物的前十四个和原来一样,后十个有一点变化——

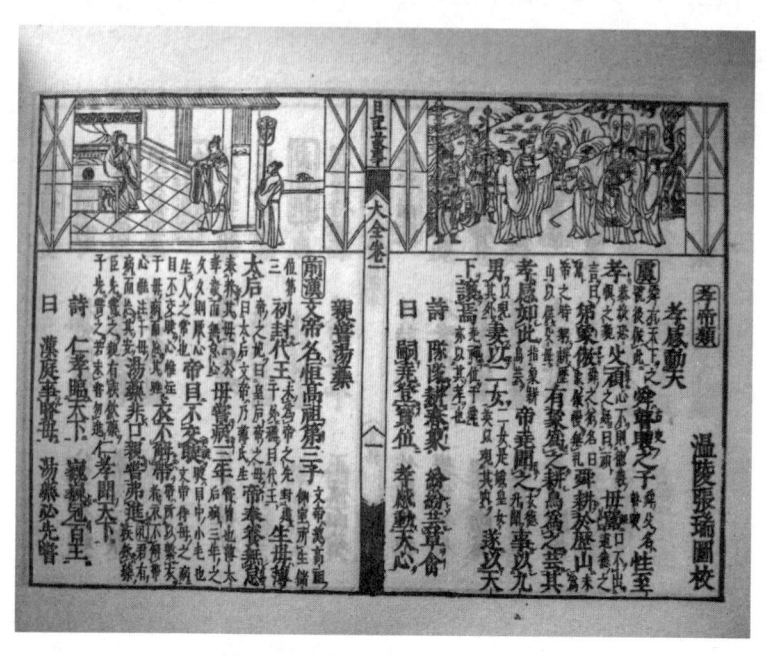

日本翻刻明万历本《日记故事大全》

宋　二十四孝义故事
大舜　曾参　剡子　闵子骞　老莱子　陆绩　董永　丁兰　孟宗　郭巨　姜诗　王祥　蔡顺　杨香　田真　元觉　曹娥　鲁义姑　韩伯瑜　赵孝宗　刘明达　王武子　鲍山　刘殷
元　郭居敬《全相二十四孝诗选》
大舜　曾参　剡子　闵子骞　老莱子　陆绩　董永　丁兰　孟宗　郭巨　姜诗　王祥　蔡顺　杨香　田真　汉文帝　黄山谷　朱寿昌　庾黔娄　唐夫人　吴猛　王裒　黄香　张孝张礼
明　《二十四孝日记故事》
大舜　曾参　剡子　闵子骞　老莱子　陆绩　董永　丁兰　孟宗　郭巨　姜诗　王祥　蔡顺　杨香　江革　汉文帝　黄山谷　朱寿昌　庾黔娄　唐夫人　吴猛　王裒　黄香　子路

从列表中可看出,田真和张孝张礼被换成了江革和子路。这两个看上去不大的变化,实际很重要,因为田真和张孝张礼这两个故事,讲的不是孝而是兄弟之义。所以换掉的目的,是要使二十四孝成为真正完全的孝子故事。所以严格来说,二十四孝形态的真正确立,是在明朝的万历年间。

在这个真正完全孝子故事版的二十四孝里,最新调整进入的江革和子路,他们的故事也值得一说。江革故事的主题是"行佣供母"。讲的是江革家很穷,父亲早亡,他与寡母相依为命。遭逢战乱,他经常背着母亲到处逃难,一次碰到强盗要杀他,看他十分不易,便放过了他。子路故事的主题是"为亲负米"。子路早年非常穷,为了母亲,经常跑到百里之外去背米回来。这个故事主要对比的背景,据说是子路地位很高以后,感叹现在虽然什么都有了,但是为母亲背米的日子已经不复返了。但这个故事也有些问题,子路也是孔子的弟子,在《论语》里那是个非常粗糙的人,孔子也不太喜欢他,他"为亲负米"故事的来源,现在其实是不清楚的。而明代的二十四孝改换上这些故事,目的大概还是将一些过于神奇的东西去掉,所以加进这些从小事做起的,正常人能够接受的故事。

另外,在一些明代的墓葬里还保留了少量非郭居敬或万历系统的二十四孝图。例如河南原阳出土的明嘉靖冯氏石棺,上面有早晚期系统的二十四孝里都有的老莱子故事,讲的是周代人老莱子七十岁时,将近百岁的父母都还健在,他千方百计讨好父母,自己装作小孩,在地上打滚,娱乐父母。鲁迅也对这个故事表示过不满,一是认为老来俏是不对的,二是从文献上看,老莱子原来并不是装,而是在堂上跌了一跤,因为怕父母为他担心,只能顺势装作在地上游戏。二十四孝中为了突出他的光辉形象,把他表现为有意娱亲。这个石棺上还有伯道弃儿的故事。伯道弃儿在宋代系统的二十四孝义图中,曾偶然出现过,但不常见。故事讲的是邓伯道的弟弟去世很早,他一直抚养自己的儿子和侄儿,但是在逃难时无法带两个孩子逃难,他选择丢下了自己的孩子。这个故事后来被去掉的原因,一方面是它本身不在孝的范围内,另一方面也是因为过于残酷。

二十四孝图,包括前面所讲的宋代二十四孝义图,很大的问题在于,总是向人们提出两难的问题。比如母亲和太太之间的选择,儿子和侄子之间的选择,这样的问题其实是没有答案的。但是,中国人基本的价值判断是,上辈是重要的,下辈是次要的。所以这些故事的面貌,以及为什么是这些故事被留下,是与整个文化背景有

老莱娱亲　　　　　　　　伯道弃儿

明嘉靖冯氏石棺,河南原阳出土
画匠郭仓,石匠王继、王学

关系的。

4 清代及以后的二十四孝图

清代二十四孝图非常多。我们现在可见的大部分,基本都是清代通俗读物中的图。除此以外,还有两个东西比较有意思。一是山东高密的年画《二十四孝》,此图采用中国传统的屏条模式,每个屏条画三张,用水墨淡彩作画,可以在家里悬挂。另外一个和它异曲同工的,是2001年在陕西大荔发现的清代石室墓,墓穴十分豪华,完全按照中国传统的宅院建造。在进门的地方,按照士大夫的居室,有对联和横批。在门楣的上方,有浅浮雕的石刻《二十四孝图》。这里讲两个场景:一个是子路负米,在这个浮雕上,已经完全不是周代的环境,而是明清风景区的样子。另外一个,是郭居敬系统的朱寿昌弃官寻母的故事。朱寿昌是苏东坡的朋友,在宋代做过一个不大不小的官。但他之所以出名,是因为有一年他忽然不做官了,要去寻母。其母原本是他父亲的小妾,生完朱寿昌后不久就被抛弃,到了很远的地方。五十年后,朱寿昌突然发愿,一定要找到生母。后来居然找到了,但他母亲早已改嫁,并另外生了几个儿子,朱寿昌就把母亲和同母异父的兄弟都带回来,自己养他们。不过这个故事背后也有矛盾,就是中国人所说的"忠孝不能两全",在忠和孝之间,往往强调国家利益至上。但朱寿昌宁愿不做官,也要把母亲找到。这幅石雕刻得还是很精彩的,描绘的是朱寿昌找到母亲时,二人相见的场景。

在接下来的民国时代,众多的二十四孝图里有一个现象很值得重视:就是有不少著名画家也开始画二十四孝图。现在看到的主要有两个,一个是民国时期著名的上海画家王震(号一亭)所画

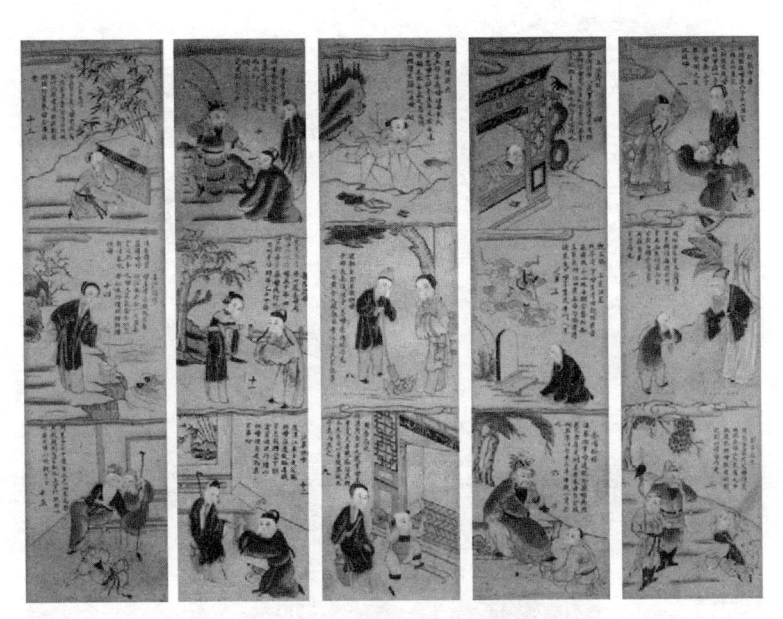

山东高密年画《二十四孝》

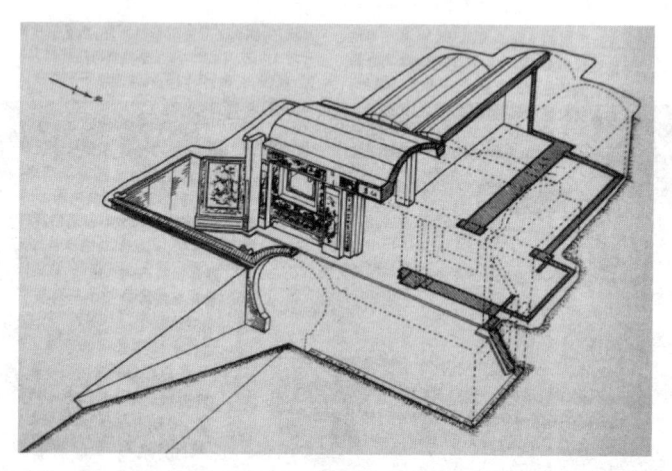

陕西大荔清代石室墓

子路，为亲负米

朱寿昌，弃官寻母

的水墨二十四孝图，完全用中国传统的大写意笔法来画。但因为故事的限制，有的地方难以表达。另外一个，是陈少梅用工笔画的二十四孝图。现在看到的这张，是周代郯子的故事。故事讲的是父母眼睛不好，郯子听别人说最好的药是鹿乳，就披了一张鹿皮混到鹿群中挤奶。结果被猎人误以为是头鹿，要向他射箭。千钧一发之际，他把鹿皮揭开，说"我是人"。不过这个故事现在认为有一定问题，有一种研究说其是佛教故事传下来的，原来是印度的故事。这个故事在朝鲜的流传也非常广，因为朝鲜人认为郯子是他们的祖先之一。

　　由于五四对孝采取激烈的批判态度，所以二十四孝图到现代就渐渐淡出了人们的视野。当代画家里画得最好的，就是为《漫话二十四孝》一书画插图的戴逸如先生。例如这张画吴猛的画，主题是"恣蚊饱血"，讲的是吴猛家里很穷，买不起蚊帐，夏天蚊子多，他就主动让蚊子咬，认为只要蚊子咬了他，就不会再咬父母了。戴先生的画，用微妙的讽刺笔法，画了一个心智不太健康的小孩的样子。另外一幅，是姜诗的"涌泉跃鲤"，一般的画家都只画很小的鱼，而这幅画中如此大的泉水和鲤鱼，和故事的情景非常契合。戴先生的画，为整个二十四孝图的变迁历史，留下了很有意味的一笔。

　　顺便可以一说的，是二十四孝故事与二十四孝图在中国的周边地区流布也非常广。现在知道，日本人很早就开始画二十四孝图了。可以举两个例子，一个是江户时代后期（17世纪）的著名画家狩野安信画过《二十四孝》屏风。屏风有好几面，基本上是一个屏风的一个立轴上，上下画两个故事。画上的人物造型，基本是中国人的样子。另外一个，是更晚的明治时代的刻本《二十四孝绘抄》，图上的主人公都变成了日本人，这是为了让中国的故事能被日本读者接受。

老莱子，戏彩娱亲

剡子，鹿乳奉亲

（民国）陈少梅绘

姜诗,涌泉跃鲤　　　　　　吴猛,恣蚊饱血

戴逸如绘《漫话二十四孝》插图

194　"孝"与中华传统

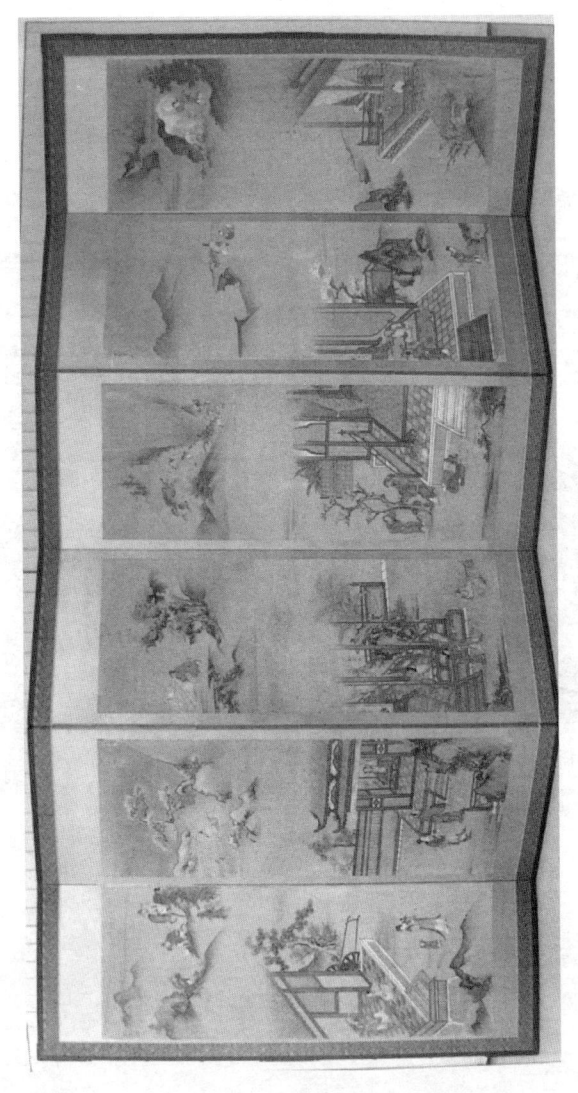

日本17世纪画家狩野安信绘《二十四孝》屏风

从孝子图、孝义图到二十四孝图　195

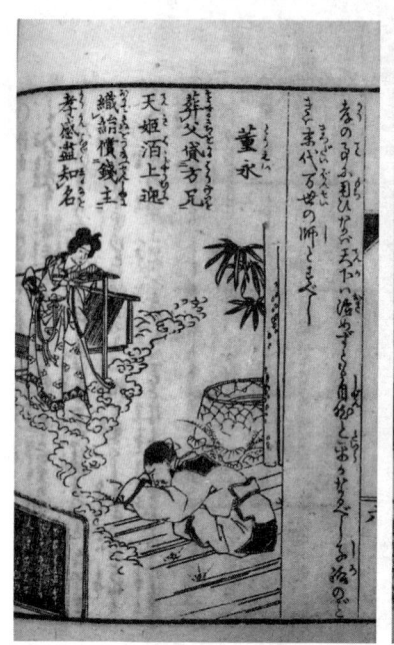

日本明治时代刻本《二十四孝绘抄》

5　二十四孝图像志

二十四孝图在其历史的变迁过程中,同一个故事留下了诸多或同或异的图像形式,形成所谓的图像志。我们下面就举一些简单的例子,来看看某一个具体故事,在绘画表现方面有什么变和不变。

以大家熟悉的董永故事为例。现在看到的董永故事,作为代表的,是四川一个北宋时墓葬里的浮雕图。画法就是左侧七仙女站在云端,右边是董永,手里还拿着一个东西。这个标准的形态,一千年来基本没变化,现在看到的大部分董永的图都是这样。二十四孝中的很多场景,从宋代,到金,到清,再到日本,图像都有一个典型的范式。这是因为,读二十四孝图的人普遍文化水平不高,甚至可能不识字,他们看到这样的图就知道这是董永。对他们进行教育主要靠的就是这种模式,王祥赤裸身体侧卧的图也是这样。

不过,也有的故事因为本身的情节非常生动,很多人想尽办法进行变化,出现的画面几乎没有一个是一样的。这里也举个例子,就是所有时代的二十四孝都有的杨香的故事。杨香是个少年打虎女英雄,据说她的父亲出门时被老虎咬到,杨香就骑到老虎身上打它,把父亲救下。这个故事的图像在北宋出现的时候,是杨香骑在老虎背上,父亲在下面好像已经被咬过了。到了南宋,变成了杨香手掐虎脖子,父亲已经逃开。金代的图像是杨香骑着老虎,仿佛下山。到了明代郭居敬的二十四孝图,变成老虎从树后扑出来,杨香挡在前面,父亲在后面。而从宋代到民国的杨香打虎图,归纳起来主要有两个模板。第一个模板是老虎咬住父亲,杨香用力将其拉开。另外一个是父亲已经被救下,杨香还在打。这样的故事本身具有较强的戏剧性,画家有了较大的拓展的空间,画起来就显得得

董永故事

北宋　　　　　　金代　　　　　　明代
杨香打虎图

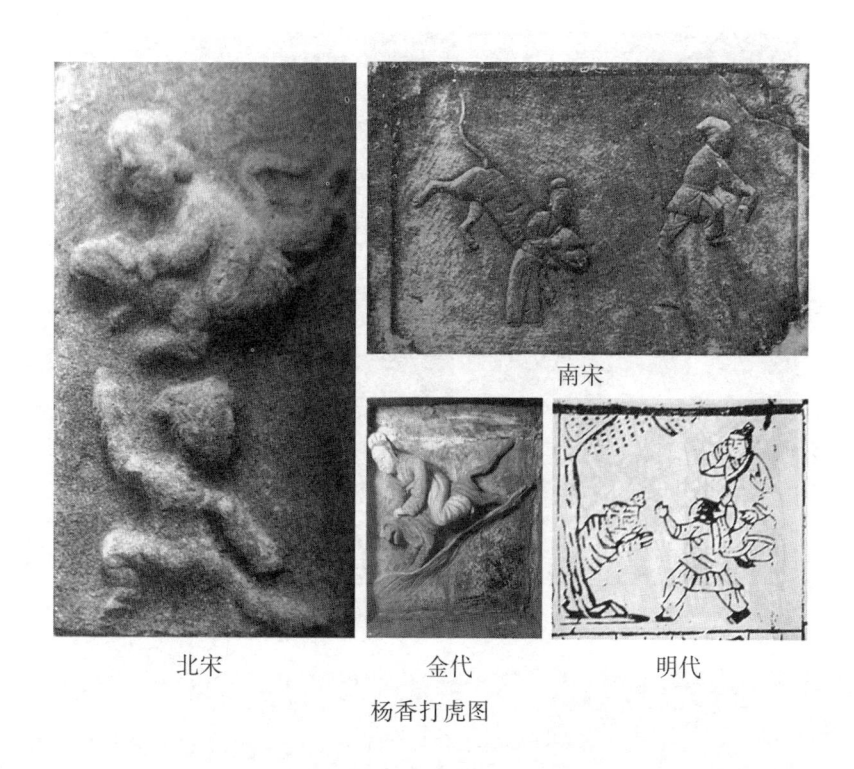

杨香打虎图第一模式

杨香打虎图第二模式

心应手。打老虎的场景,永远具有震撼人心的效果,所以出现了很多的创造。

但是我们也看到二十四孝图中,有一部分故事非常难画。这是因为中国传统绘画中,需要一些带有诗意的内容。而图解难画,难就难在要把道德性和政治性的意图,用恰当的方式表现出来。这里也举一个例子,是庾黔娄"尝粪心忧"。庾黔娄是南朝著名的文人庾信的伯父。故事讲的是他做官后,父亲生病,郎中来看病后,告诉他,尝尝父亲的粪便,可以知道老人的病情:如果是苦的,病就好了;是甜的,就没好。庾黔娄尝了,是甜的,感到问题严重,便不断向北斗磕头烧香。诚心所感,他父亲的病终于好了。这个故事画得最差的场景,就是直接画尝粪的场面。后来很多的画都不直接画这个场面,而把故事的主题改成了"礼斗祈代",意思是祈求北斗星,让他代替父亲生病,这样的场景画出来相对优美,但是和本来的主题"尝粪心忧"有距离。所以,处理得比较好的是清代的李锡彤。他画的是后面的父亲正在看庾黔娄,而庾黔娄在看马桶,若有所思,这说明画家还是发挥了想象力。但在大部分情况下,能用具有想象力的画法表现道德说教的场面的图解是很少的。这也说明,在二十四孝图的发展过程中,图像有非常大的作用,但要真正画到一定的表现水准,还是很不容易的。

6　二十四孝的续作

二十四孝本身,从宋代到明代的变化过程是很明显的,它定型后流传也非常广。除此以外,中国人还"研发"了很多副产品,主要有三种:和"前二十四孝"相配的"后二十四孝"——这还主要是针对男性的,以及专门针对女性的"女二十四孝"。这还不够,又出现

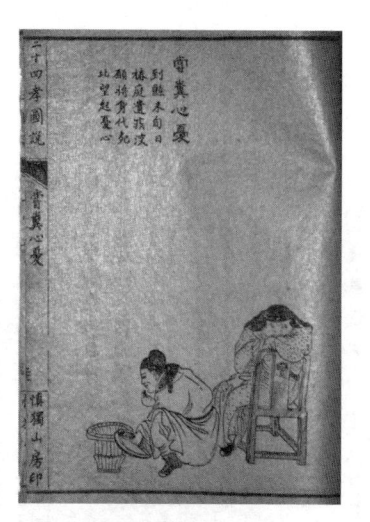

庾黔娄，尝粪心忧

从孝子图、孝义图到二十四孝图 203

"女二十四孝"   "后二十四孝"

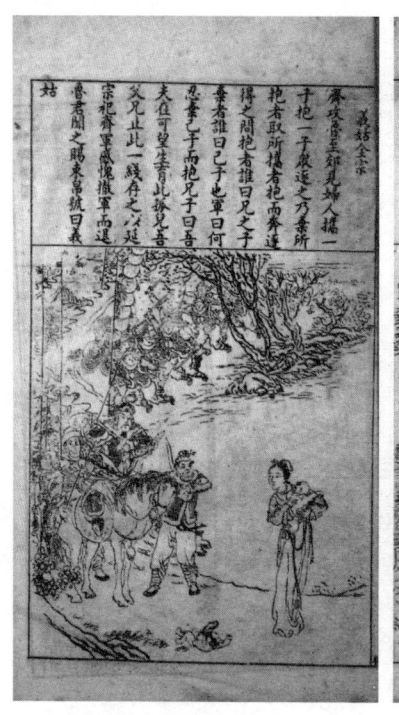

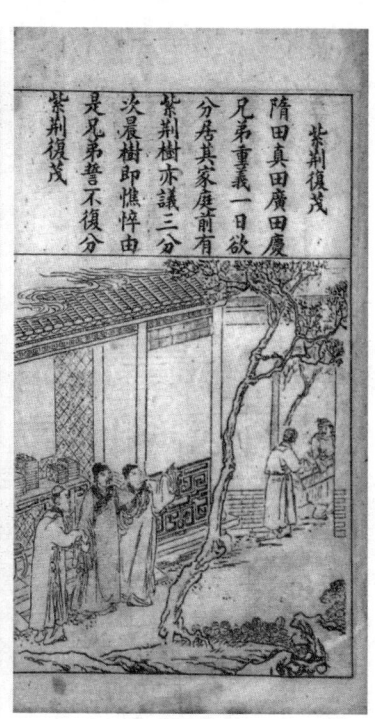

义姑全宗　　　　　　　　紫荆复茂

从孝子图、孝义图到二十四孝图

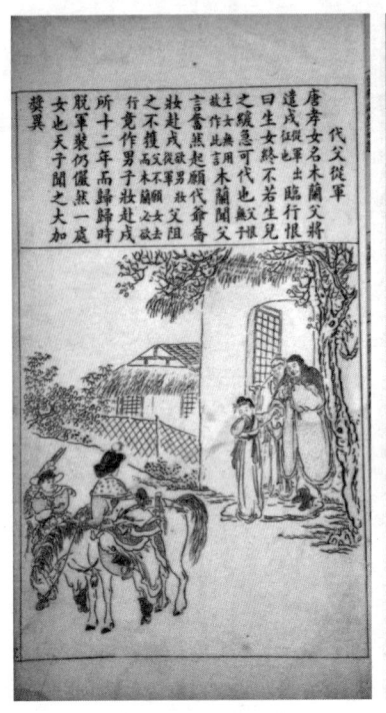

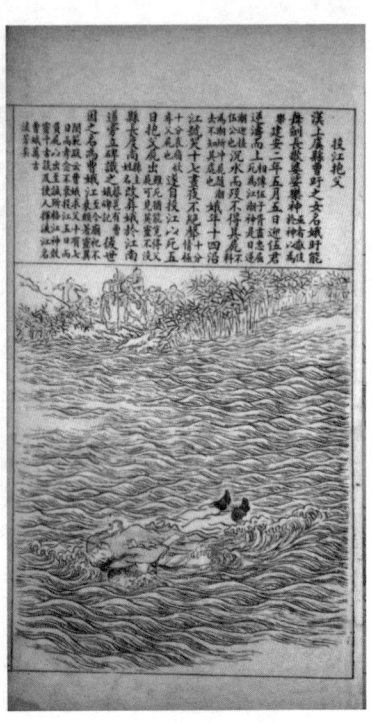

代父从军　　　　　　　投江抱父

夷齐让国

了"二十四悌"。"孝"是对父母好,"悌"指对哥哥好,二十四悌讲的就是怎样尊敬兄长。

这三种副产品基本的取材范围,分为两类:一是重新恢复一些曾经被删除的二十四孝故事,如田真(后)、鲁义姑(女)的故事,都是在宋代的二十四孝义里出现过的。其中一些对原来的经典图像进行了修改,如曹娥的故事,讲的是她的父亲溺水而死,她为了找到父亲尸首,跳入水中将其拖出。原来的场面是,曹娥抱着父亲浮上水面。后来的道学家认为,尽管是父女,女性抱着男性浮上水面不符合礼仪,所以后来的画家就改为曹娥背驮着父亲上来。另一类故事是新收入的,但其实也是把中国传统的常见的故事收进去。比如花木兰代父从军的故事收入了女二十四孝,又如伯夷叔齐让国的故事收入了二十四悌。

在二十四孝的变迁中,图像起了重要的作用。但对于画家来说,也遇到了很大的挑战。就是刚才所说的,如何表现一种道德性的场面。这并不是画家本身技术的问题,而是背后的道德,有些地方过于不近人情,所以有时只能用比较特殊的方法进行表现。

二十四孝本身的问题也很复杂。现在我们还是要提倡孝。对长辈的尊敬、孝敬,是天经地义的事情。但是在我们恢复讲孝的过程中,二十四孝是否能被全盘接受,是需要认真考虑的。二十四孝的某些故事过于强调礼教规则,而没有人性化的一面,比如埋儿;但里面也有一些很有人情味的故事,比如子路负米。所以,解答有关二十四孝的问题,首先需要我们对孝的观念做历史的梳理和崭新的界定。从现代的眼光来看,亲情本来应该是最感人的,但在中国历史上长期流行的二十四孝里,居然有那么多不近人情的故事,这是很值得我们深思的。

后　记

　　本书的主体，是1992年刊行的拙作《漫话二十四孝》的修订版；现在的书名《"孝"与中华传统》，是出版社考虑到受众的需要新拟的。一本通俗读物过了二十八年，照理是没有多少重版的价值的，但近年传统文化以一种特异之姿在中国社会重新受到重视，"孝"这一极具中国特色的传统伦理，也成为学术思想界乃至大众重新关注的话题，以此上世纪九十年代初版的这本小书，也就有了重新受读者检阅批评的理由和机会。遗憾的是我已多年未涉足相关课题的研习，所能做的，只是对旧作做一点有限的删改增补，并把2007年应邀在上海美术馆所作的一次讲座的文稿，作为附录收入此书，这是首先要向读者诸君说明和致歉的。

　　1992年版的《漫话二十四孝》，是我个人著述生涯中出版的第一本独立撰写的书，选题是当时上海文化出版社资深编辑戴俊先生给我的命题作文。当年的责任编辑、现在已是上海文艺出版社社长的陈征先生，曾为这本小书初稿里的若干内容，冒着酷暑专程来复旦和我这个小字辈商讨；此次重版，也是他提议的。新版责任编辑胡艳秋女士，为此次重版做了许多具体细致的工作。此外，金文京教授、范景中教授、梁颖先生、来颖燕女士等，在我开展相关课题的研习时给予了多方面的指教和帮助，凡此都是我要表示由衷感谢的。令人不免伤感的是，最早提示我做二十四孝研究的戴俊先生，已于2011年不幸辞世，我无法持这本依然不成熟的修订版小书，再向这位睿智而又热忱的前辈请益了。

　　二十八年前拙作初版时，我的身份只是单纯的为人子，所以落笔之际，对"孝"是批评多于理解；现在旧作重版，我已为人父，对于"孝"及其与中华传统的复杂关联，有了更具体入微的体认。我依然对"二十四孝"作为传统伦理样板是否具有持久的有效性，抱有高度的怀疑，不过同时也确信，我们今天需要且能够对包括"孝"在内的中华传统伦理，在不变更其积淀深厚的历史名称的前提下，就其内涵作一基于人道立场的合乎人性和人情的现代转换。

陈正宏
2020年3月于双寅楼

图书在版编目（CIP）数据

"孝"与中华传统/陈正宏著. -- 上海：上海文艺出版社，2020
（中国礼乐文化丛书）
ISBN 978-7-5321-7673-1
Ⅰ.①孝… Ⅱ.①陈… Ⅲ.①孝－传统文化－研究－中国 Ⅳ.①B823.1
中国版本图书馆CIP数据核字(2020)第173666号

本书由上海文化发展基金会图书出版专项基金资助出版

发 行 人：毕　胜
责任编辑：胡艳秋
装帧设计：钱　祯

书　　名："孝"与中华传统
作　　者：陈正宏
出　　版：上海世纪出版集团　上海文艺出版社
地　　址：上海市绍兴路7号　200020
发　　行：上海文艺出版社发行中心
　　　　　上海市绍兴路50号　200020　www.ewen.co
印　　刷：苏州市越洋印刷有限公司
开　　本：890×1240　1/32
印　　张：6.75
插　　页：2
字　　数：151,000
印　　次：2020年11月第1版　2020年11月第1次印刷
Ｉ Ｓ Ｂ Ｎ：978-7-5321-7673-1/G.0287
定　　价：36.00元
告 读 者：如发现本书有质量问题请与印刷厂质量科联系　T:0512-68180628